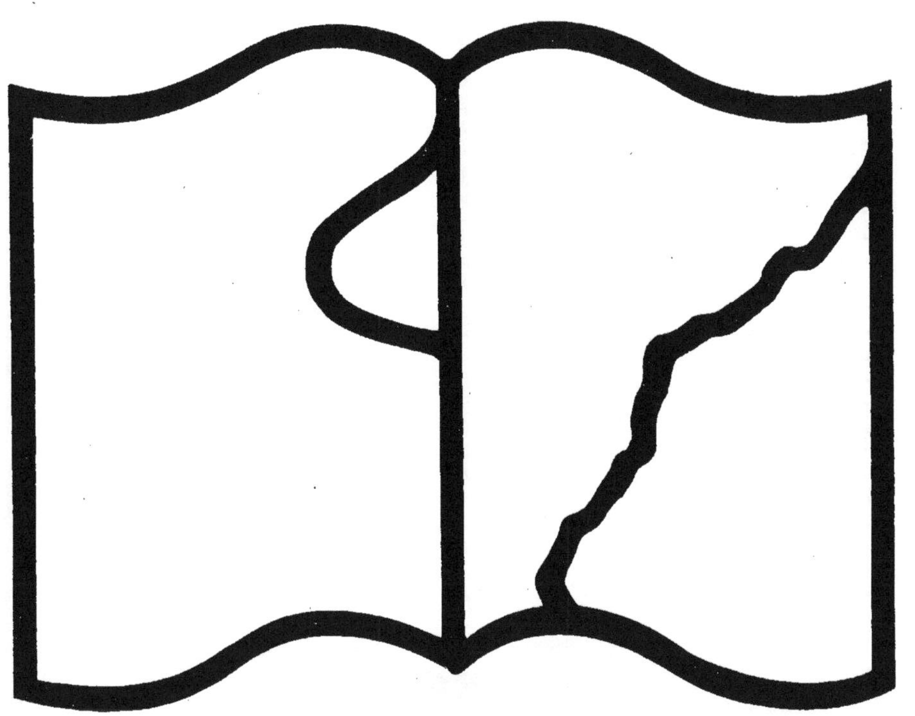

Texte détérioré — reliure défectueuse

NF Z 43-120-11

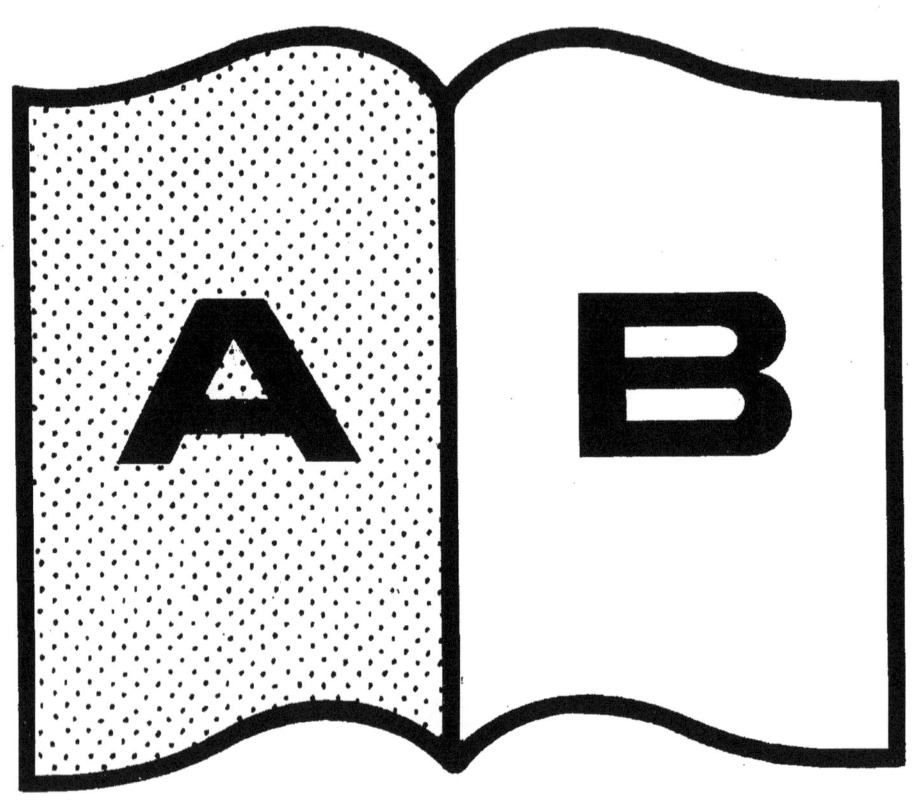

Contraste insuffisant

NF Z 43-120-14

Pierre BAUDIN

NOTRE ARMÉE
A L'ŒUVRE

AUX GRANDES MANŒUVRES DE 1908

PARIS
HENRI CHARLES-LAVAUZELLE
Éditeur militaire
10, Rue Danton, Boulevard Saint-Germain, 118

(MÊME MAISON A LIMOGES)

à Maurice Barrès
de l'Académie Française
son ami
Pierre Baudin

NOTRE ARMÉE A L'ŒUVRE

AUX

GRANDES MANŒUVRES DE 1908

Pierre BAUDIN

NOTRE ARMÉE A L'ŒUVRE

AUX GRANDES MANŒUVRES DE 1908

AVEC 2 CROQUIS ET UNE CARTE HORS TEXTE

PARIS
HENRI CHARLES-LAVAUZELLE
Éditeur militaire
10, Rue Danton, Boulevard Saint-Germain, 118

(MÊME MAISON A LIMOGES)

AVANT-PROPOS

On rapporte des grandes manœuvres des images colorées et précises. Leur spectacle se déroule sans confusion dans le souvenir. Une vibration intime en émane, qui met en jeu aussi bien le cœur que la raison.

Cette immense pulsation de la patrie, qui imprime à 100.000 hommes un seul rythme d'action et de sacrifice, provoque à la fois une émotion et une volonté.

On s'émeut de la grandeur de l'idée qui assemble une telle somme de jeunesse, de talents, de résolutions et de destinées.

On veut que cette force gigantesque produise réellement l'effort suprême en vue duquel elle fut créée.

Il est donc tout à fait impossible de la

regarder comme une figuration d'un drame, dont le protagoniste unique est le chef.

Celui-ci, serait-il le surhomme, le héros, le génie de la guerre incarné dans un homme, n'a pas en lui seul toute l'âme de l'armée. Il attire tous les regards, mais il ne suffit pas à animer toute cette matière vivante.

Il y a aussi ce petit fantassin qui trime sous le sac; qui rampe sur le sol, creuse son trou comme la bête pour se dissimuler; qui bondit sous la mitraille; qui s'agrippe à la motte de terre, se défile sous les feuilles, serpente, glisse, affronte, se redresse, se rue à l'arme blanche; qui est l'humanité pullulante et tenace.

Il y a aussi les autres, ceux des autres armes, qui travaillent autour de l'infanterie, la protègent, lui ouvrent la route ou activent son œuvre.

Dans cet atelier de la guerre, le moindre

ouvrier a son âme aussi. Il l'emploie comme le chef, à sa place, à son degré. Il n'en fait nulle épargne. Il se donne.

Nul ne songe à négliger cette collaboration du moindre avec le plus grand. Bien au contraire, le succès dépend de l'accomplissement intelligent et complet de l'ensemble des tâches.

Je me refuse donc à voir dans les grandes manœuvres un exercice réservé au commandement. Sans doute, une première pensée sera pour les généraux qui ont préludé à ces épreuves publiques par une longue carrière. Ce sont eux qui auraient l'honneur et l'énorme fardeau de conduire la nation au feu. Quelle est donc l'ampleur de leur esprit ? A quel degré de science technique sont-ils parvenus ? Quelle pratique ont-ils de la vie, des mobiles élémentaires de l'humanité ?

Le maniement des masses, l'observation de

l'adversaire, le jeu de la ruse et de la riposte, autant de facteurs importants qui composent leur jeu. On se passionne à le suivre.

Mais ils n'offrent pas seulement cet intérêt individuel. Leur personnalité n'est pas séparée de leur génération. Ils sont là en représentation d'une élite qui a servi à leur sélection. Une poussière d'étoiles a engendré leur constellation.

Leur valeur est révélatrice de l'infériorité ou de la supériorité d'une série indéfinie de choix. S'ils répondent à ce qu'on attend d'eux, c'est que le groupe où ils ont grandi a lui-même une réelle supériorité. S'ils défaillent, c'est que ce groupe lui-même ne se classe pas parmi les meilleurs, ou bien que son évolution a été troublée par des luttes d'intérêts, des idées étrangères à l'armée, ou par des intrigues, ou par la médiocrité de ses juges.

En tout cas, il y a une leçon étendue et prolongée dans cette épreuve.

L'attention peut-elle s'arrêter là ? Non. Les grandes manœuvres ne sont pas la guerre; mais, comme la guerre, elles rapprochent toutes les armes, tous les groupes, tous les services. Quelle meilleure occasion pourrait-on faire naître de les observer dans leurs rapports, dans leur liaison, dans leur spécialité!

C'est pourquoi je ne me suis pas borné à analyser les opérations des deux armées en présence dans les manœuvres du Centre. J'ai rédigé aussi quelques notations utiles sur les troupes.

Je me suis attaché à ce travail pour plusieurs raisons. La première est que, dans l'armée, j'aime à surprendre la synthèse nationale. Elle s'offre là dans un raccourci schématique et dans une sincérité absolue.

Pour certaines personnes, l'armée est un ensemble de conventions et de disciplines, c'est l'uniformité morale sous l'uniforme. Quelle erreur! Sans doute l'armée des garnisons rebute l'analyse par son automatisme monotone et ses consignes claustrales. Mais l'armée en campagne, c'est une autre affaire. Elle est la race elle-même offrant sa nature tout à nu. Alors, il n'y a pas de milieu plus favorable à la pénétration du psychologue. Toute l'histoire, toute l'existence publique et privée du pays s'étalent et s'expliquent en abrégé. Ces troupes qui, à chaque heure du jour, en pleine marche ou au repos, chantent, blaguent; qui enlèvent les étapes les plus longues du même pas, sans déchet ni traînard, les reconnaissez-vous, messieurs les officiers étrangers ?

— Oui, pensent le Russe, le Prussien, le Saxon, l'Autrichien. Elles sont venues chez nous. C'étaient bien les mêmes diables.

— Oui, murmure l'Italien, nous avons remporté quelques victoires ensemble.

— Tu parles, souligne un bleu de Paris.

— All right ! dit l'Américain, c'est bien toujours le soldat de Napoléon. Il n'y en a pas de meilleur au monde.

— Après le nôtre, voudrait observer le Japonais.

— Il rit facilement, écrit le petit Chinois sur son calepin de route.

Nous, nous n'avons pas seulement reconnu nos qualités traditionnelles, nous avons aussi aperçu nos défauts.

Surtout le plus gros de tous : notre défaut d'éducation expérimentale. Du plus haut chef jusqu'aux caporaux, il nous manque d'avoir reçu la formation pratique. Cela se voit tout de suite et partout. Nos généraux n'ont pas assez commandé aux manœuvres. Voyez du reste le cas qu'ils font de l'éducation de leurs premiers lieutenants. Le général d'armée ne parle pas plus aux commandants de ses deux corps que s'ils n'existaient pas. C'est apparemment ainsi qu'il fut traité quand il occupait cet emploi. Il n'a pas profité de son passage dans les commandements. Il ignore la hiérarchie moderne, qui est proprement la hiérarchie des responsabilités dans le travail. Il n'a donc pas la pratique du maniement des masses.

Autre grief. Parmi les devoirs d'un chef, en est-il un seul qui atteigne à la noblesse de celui-ci : *former d'autres chefs,* c'est-à-dire forger et souder sans cesse des anneaux de la chaîne ininterrompue qui relie l'armée d'aujourd'hui à l'armée de demain, sauvegarder l'héritage des facultés et des vertus professionnelles ?

Mais non, on est Français, on veut briller, on veut se hausser par tous les moyens.

Même faute, moins personnelle, mais aussi grave : ces troupes n'ont pas travaillé la manœuvre. Elles ont été pondues dans les cours de caserne. Elles se serrent comme des poussins. Les vastes champs les étonnent et les inquiètent. Je dis cela des gradés comme des soldats.

Elles tirent. Comment tirent-elles ? Leurs cibles habituelles étaient à 200 mètres au plus — cibles de scolaires. Les artilleurs ! Voilà des capitaines qui viennent pour la première fois aux manœuvres. On les a laissés auparavant dans les garnisons, les services pyrotechniques ou les manufactures. Ils savent régler le tir. La plupart possèdent admirablement le maniement du canon de 75, mais ils ignorent la tactique.

Et ainsi de bien d'autres. On a des titres. On est bachelier, licencié ou agrégé, on sort des grandes écoles. On sait tout, sauf son métier. Le métier ! c'est-à-dire l'éducation professionnelle, la connaissance expérimentale de l'ensemble de son art ! on a bien le temps de l'acquérir. Dans tout autre pays, c'est le principal ; en France, c'est le superflu. On ne sait pas, mais on improvise.

Eh bien ! cette faute de race, je l'ai déjà dénoncée bien des fois ; je la dénonce ici comme un crime. Et c'est le crime de tous. Si nous n'avons pas de corps d'instruction, si l'artillerie n'est pas complètement exercée, si l'infanterie n'a pas l'habitude des tirs à longue distance, si les beaux principes du règlement de la manœuvre sont piétinés, nous devons nous en prendre à nous tous, parlement, gouvernants, électeurs et élus qui fermons les yeux sur nos plus clairs devoirs.

Certaines personnes — dont quelques-unes haut placées — s'indignent que j'ose ainsi éclabousser leurs beaux arrangements d'optimisme.

Elles prononcent des phrases superbes : « Nous sommes forts. Nous sommes sûrs de nous. Notre armée est bien commandée, bien instruite, bien armée, etc. »

Et, au fond de leur pensée, elles formulent ce compromis avec la vérité : « Nous espérons que l'armée allemande n'est pas conduite par des chefs plus habiles, qu'elle a les mêmes défauts, etc... »

Qu'en savent-elles ? Rien. Certes, l'armée allemande a ses faiblesses, mais elle ne les entretient pas. Elle s'applique à les corriger et, en tout cas, elle ne se fie en rien à l'improvisation. Elle ne s'arrête pas de s'entraîner, de parfaire son outillage et son éducation.

Enfin, on paraît offusqué de la publicité de ma critique.

Si elle est fondée, préférerait-on la lire dans la traduction de quelque rapport du grand état-major allemand ?

Notre fierté s'accommoderait-elle de la vérité au retour de Berlin ?

La vérité, je l'ai recherchée avec une ombrageuse défiance, et je ne l'ai exprimée qu'avec ménagement. Nombre d'officiers, que je ne connais pas, que je n'ai jamais vus, qui n'ont pas pensé à m'approcher, ont reconnu ma modération (1). Ces témoignages approbatifs et désintéressés me suffisent, émanant d'hommes qui, comme moi, aiment l'armée non pour elle-même, mais pour le patrimoine, sol, sentiments, idées et fortune, dont elle est la sauvegarde.

(1) Les chapitres qui composent ce livre ont paru presque tous sous forme d'études dans la *France militaire*.

I

PREMIÈRES IMPRESSIONS
L'INTÉRÊT

Tout de suite, une question s'impose à l'esprit. Vous venez des manœuvres : que pensez-vous des troupes ?

C'est la première fois qu'apparaissent en action les soldats de deux ans. Quelle figure font-ils ? Sont-ils résistants, alertes, assouplis ? Mélangés avec des réservistes, éléments de maturité, ces très jeunes gens apportent-ils à l'ensemble une force d'homogénéité ?

La réponse à ces questions ne variera pas, j'en suis certain, quels que soient les témoins interrogés.

Les troupes que nous avons vues manœuvrer sont très belles d'aspect. Elles reflètent sans doute la jeunesse, mais aussi la force, l'entrain, la résistance, et elles apparaissent parfaitement unitaires.

En portant ce témoignage, je ne me laisse nullement entraîner par l'opinion que j'ai antérieurement exprimée en faveur du service de deux ans, et je ne cède pas à un optimisme naturel. Je ne donne pas seulement mon sentiment intime, je traduis l'avis général.

Les troupes des deux armées ont été soumises à des épreuves relativement ardues, celles de l'armée B, en particulier.

Comme on le verra par la suite, le thème imposé aux deux armées, puis le système adopté par le général Millet l'ont entraîné à exiger de ses divisions des marches de nuit. Elles se sont mises en route, les deux premiers jours, à minuit ou une heure du matin. Parvenues sur le terrain, elles ont eu à supporter de longues attentes. Certaines, comme la 7e division (4e corps), sont restées à la droite toute la matinée du 14 dans l'inaction, ne connaissant rien des opérations et ne pouvant ni se reposer, ni se mouvoir. Les troupes du 5e corps, le même jour, se sont trouvées engagées dès 6 heures du matin dans une grande reconnaissance offensive sur Vicq-sur-Nahon. Je me permettrai de revenir ultérieurement sur cette opération. Elle devait être infructueuse. Elle le fut. En somme, très dure journée, et à laquelle la récompense morale fut refusée.

Eh bien ! nous avons vu ces troupes joindre leurs cantonnements le soir assez tard. Nous en avons même visité quelques groupes dans les fermes éparses. Partout et à tout moment, nous les avons trouvées le visage clair, l'air tranquille et gai. Pas de trace de fatigue, pas de traînards.

Les officiers déclarent que leurs hommes sont d'excellents soldats. Ce jugement sera ratifié par tout le monde.

× ×

Voilà pour leur qualité au physique et au moral.

Maintenant, quelle fut leur tenue à la manœuvre ?

La réponse, ici, est moins simple. Les manœuvres d'armée s'étendent sur un champ très vaste. La bataille, même au milieu de l'action, comporte des phases ou compartiments très divers et, en apparence au moins, souvent séparés. Il est impossible de demander à la masse de l'armée de s'y intéresser, je veux dire de regarder l'objectif général. Et l'intérêt à l'action est cependant indispensable à l'homme pour le soutenir, le stimuler, lui communiquer l'ardeur guerrière.

Aussi, ce n'est pas, à mon sens, au cours des manœuvres d'armée qu'il faut rechercher le critérium de l'éducation combative des troupes. Quelques engagements partiels permettront peut-être de voir l'image rapprochée du combat véritable. Par exemple, la prise et la défense d'un village, d'un pont. Mais c'est là un jeu qui ne donne pas une idée de l'effort de l'infanterie pendant la bataille. La plus grande partie des forces est employée à des préparations, à un travail obscur. Ni les hommes ni les officiers ne prennent aux opérations un intérêt soutenu. Leurs actes sont la plupart du temps marqués, je ne dirai pas d'indifférence, mais de quasi-indifférence et d'incompréhension.

On a fort justement remarqué que les grandes manœuvres sont un exercice de commandement et ne sauraient servir à l'éducation des hommes, ni indiquer leur degré d'avancement dans la pratique des exercices de combat. Cela est vrai. L'observateur devra donc, s'il veut porter un jugement utile, s'attacher par instants à suivre un petit incident où il surprendra les troupes dans la passion de la guerre. A part cela, il devra envisager surtout le maniement des masses par le commandement.

Cependant l'intérêt du commandement est d'éveiller dans l'âme des soldats un sentiment de communion avec lui. La manœuvre n'est pas seulement une question d'organisation matérielle. Les jambes des fantassins n'obéissent pas seulement à des muscles. Il y a toujours et partout, dans l'armée, l'âme humaine exaltée par la conscience de la force.

Première raison, pour que le chef suprême mette dans son jeu l'intelligence des soldats.

Mais il en est une autre plus déterminante encore. Les grandes manœuvres seules permettent de faire vivre les idées tactiques enseignées à l'Ecole de guerre. Seules, aussi, elles obligent tous les officiers à se rendre compte, sur le fait, de l'enchaînement continu qui relie tous les échelons du commandement.

Or, voici où je veux en venir. Il est certain que les officiers ne se rendaient pas du tout compte de la direction à laquelle ils collaboraient. Les ordres des deux généraux Millet et

Trémeau n'étaient connus que des commandants de corps d'armée. Les généraux commandant les divisions en avaient peut-être reçu la confidence — je n'en suis pas du tout certain (1). En tout cas, à partir de cet échelon, personne ne sait l'objectif commun. Les généraux de brigade n'en entretiennent pas les colonels; les colonels ne peuvent rien en dire à leurs subordonnés.

Et cet exemple est suivi par tous. Pourquoi? Habitude de la vieille armée. Préjugé contraire à la vie des démocraties.

Chargé d'une part de travail, chacun a, selon son rang, une tâche qui lui est impartie, et prend des mesures afin de l'accomplir, laissant successivement aux chefs en dessous de lui le soin d'interpréter ses ordres au mieux. Par conséquent, l'ordre d'en haut correspond

(1) On verra par la suite que les généraux d'armée ont à des degrés divers évité de disposer leurs ordres par corps d'armée. Ils ont le plus souvent prévu la manœuvre par divisions. Ce fait n'est pas en contradiction avec ce que je dis ici des informations relatives à l'objectif du chef.

à une initiation en bas, selon une incessante gradation.

Si le chef suprême ne dit rien de ses intentions, le suivant ne dit rien des siennes, et chacun obéit sans penser à éclairer l'initiation des autres.

× ×

Il n'y a aucune bonne raison à invoquer en faveur de cette obscurité générale. On dira : « Mais, à la guerre, l'ordre ne doit pas être communiqué à d'autre qu'au plus proche intéressé. » Je répondrai, d'abord, que c'est selon ; il y a des objectifs qu'il faut tenir secrets et d'autres qui s'aperçoivent aux premiers actes. Ensuite, je dis qu'on peut toujours extraire d'un ordre une pensée directrice pour l'armée.

Lisez les ordres des généraux Millet et Trémeau. Vous y trouverez assurément la matière d'une communication avec l'armée. Le général Trémeau, surtout, a des formules nettes, claires, personnelles. « Demain, dit-il, l'armée attaquera.... »

Voilà déjà une idée, et une idée maîtresse. Le soldat saura que, si l'on exige de lui des marches très longues, une dépense de vigueur, c'est pour aboutir à des actes précis, conçus, prémédités.

Voilà une lueur dans les lanternes. C'est peu, dira-t-on. C'est beaucoup, à mon sens, pour les gens, officiers et troupiers, dont les colonnes suivront les routes monotones.

Mais, en manœuvres, on peut faire beaucoup mieux. Il ne faut pas s'hypnotiser sur la phrase : « Les manœuvres sont l'image de la guerre. » Non ; les manœuvres sont les manœuvres. Le jeu de la guerre n'est pas la guerre.

A la guerre, l'intérêt sera soutenu par d'autres stimulants. La guerre porte la lumière dans sa torche allumée. Son aspect seul met en cause la passion dont on a besoin pour accomplir sa mission. — Puis, à la guerre d'à présent, ne faut-il pas aussi que les chefs parlent aux troupes, les animent ? Question réservée, qui m'éloignerait aujourd'hui de mon sujet.

Aux manœuvres, il n'y a aucun scrupule à garder. Et il y a une série de leçons pratiques de la plus haute utilité à donner à tous. Le chef doit donc faire communiquer son ordre, sinon à toute l'armée, du moins aux colonels, et tous les officiers doivent s'intéresser à l'exécution de son plan. Quand ils défendent une position, ils doivent faire circuler dans les rangs l'idée qu'il faut défendre une position et telle position. Veulent-ils prendre un village, qu'ils l'annoncent.

Enfin, à des degrés divers, que tous animent les troupes, leur suggèrent l'intérêt !

Faut-il appuyer mes observations d'un exemple ? En voici un. Le 14 septembre, le général Millet prescrit une forte reconnaissance offensive sur Vicq. Il fixe à une heure précise le moment où cette reconnaissance doit s'arrêter, et les troupes se retirer sur Malakoff. C'est une rupture de combat prévue, ordonnée. La division s'engage à fond. Le combat cesse à l'heure prescrite. Les troupes ne comprennent pas cet arrêt brusque. J'interroge des officiers supérieurs : « C'est un grand repos », me disent-ils. Et chacun prend un air endormi et absent.

Le général de Lacroix, devant qui passent, sur la route, ces troupes désintéressées, interpelle un commandant d'artillerie et lui fait observer qu'il n'y a pas de repos, que la rupture de combat ne prescrit pas cette nonchalance. L'officier arrête ses batteries et les place dans un pré, à l'abri d'un rideau d'arbres, et dans un repli de terrain. Il y attendait, tranquille, d'autres ordres quand, tout à coup, surgit d'un vallon caché un petit parti de dragons ennemis qui chargea et prit sans façon canons et canonniers.

L'incident nous divertit, et chacun fit la même observation. Le malheureux commandant ne savait pas. Personne ne savait.

Pour être juste, je dois reconnaître que, par la nature de son thème et par sa méthode, le général Trémeau a mieux tenu en haleine son armée.

Aussi a-t-il pu lui demander un travail plus intense sans que des traces de fatigue sérieuse aient été relevées dans ses rangs.

Napoléon savait parler à l'armée. Son exemple est, je pense, en ceci encore, recommandable.

II

LE THÈME DES GRANDES MANŒUVRES

LA CONVOCATION

C'est une chose difficile d'appartenir à son temps et de rompre avec le passé.

Les traditions nous tiennent, et non seulement les traditions respectables, celles qui, par les caractères fonciers de la race, donnent au pays une figure permanente, mais aussi les traditions purement conventionnelles, celles qui devraient passer comme la mode.

Les grandes manœuvres sont une institution qu'affecte la tyrannie de la tradition à un degré vraiment extraordinaire. On dit qu'elles représentent la vie militaire en temps de guerre. J'en serais peiné. La guerre n'a aucun respect, ni aucune retenue. L'armée qui ferait la guerre selon le vieux temps serait vouée à la défaite. Et, l'avouerai-je, je m'explique la séduction qu'exerce sur mon esprit l'art militaire par son perpétuel renouvellement. Il marche avec la vie même. S'il nous était impossible de le faire progresser exactement du même pas que l'ensemble des forces industrielles, scientifiques et morales qui font la vie universelle, il vaudrait mieux renoncer à le cultiver. Ce serait la preuve que nous sommes devenus impropres à nous défendre.

Une armée qui retarde risque de se voir tout à fait à l'arrière. Une armée qui avance se dégage sans cesse de la routine, l'éternelle ennemie des armées, qui les dévore pendant la paix et les livre au sacrifice pendant la lutte. Une armée qui progresse est presque certaine de vaincre.

Les actes de l'armée, les grands actes de l'armée seront toujours marqués d'une volonté orientée vers l'avenir.

Leur conception devra révéler la pensée des chefs en concordance avec l'élan des choses, en accord avec l'évolution des lois, avec les grands événements du monde.

Peut-être un observateur attentif est-il mieux placé qu'un militaire pour apercevoir les discordances révélées par les récentes grandes manœuvres ? Cependant, il en est qui n'ont pu échapper aux regards des hommes de métier.

J'indiquerai celles qui m'ont le plus frappé. Certaines, je l'avoue, m'ont choqué.

En suivant l'ordre logique des faits, je suis amené à parler d'abord du thème des manœuvres et du caractère général qu'il a imprimé aux opérations.

Il serait injuste de ne pas tout de suite reconnaître qu'il s'en dégage une intention de gravité. On sent que le général directeur ne fait aucun cas de la mise en scène, et qu'il a recherché les conditions d'une épreuve sérieuse.

Mais, cet hommage rendu à la volonté loyale du général de Lacroix, je me permettrai d'entrer dans la critique de la manière dont il a conçu son thème et de l'expression qu'il lui a donnée.

Dès l'abord, le thème se rattache à un épisode de la guerre de 1870. « La situation générale, à son début, présente quelque analogie avec celle du mois de novembre 1870. » Cette évocation n'est pas heureuse. L'armée a une tendance très accusée à se laisser absorber par l'étude des faits de la guerre franco-allemande. Sans doute cette étude, on ne saurait la négliger. Elle contient des enseignements précieux, soit qu'on considère les causes de notre défaite et l'enchaînement rigoureux des faits aux causes, soit qu'on suive les opérations tactiques du grand état-major allemand et de son chef.

Mais, que de changements survenus dans l'organisation des armées depuis 1870 ! L'œuvre de l'armée de la Loire, si utile à analyser qu'elle soit, n'offre pas d'intérêt au moment où un général en chef, en 1908, rédige le programme des manœuvres ; nous vivons sous le régime du service militaire national et universel et de la préparation méthodique à la guerre en temps de paix. La lutte soutenue en 1870 contre l'invasion est aussi éloignée de nous que les guerres de la Révolution. Elle est plus distante que les guerres de Napoléon. Bien mieux, il y a plus d'intérêt à orienter les officiers selon la manœuvre napoléonienne, et à les exercer à y apporter les corrections exigées par le temps, qu'à fixer leur attention sur des événements où la France s'est trouvée en contradiction avec son histoire, avec son époque, et où elle n'a pu que se débattre dans la surprise et le désarroi.

Verra-t-on dans cette critique une mesquine querelle ? Je n'en veux rien croire. L'armée a besoin d'une direction imprimée de haut. Et tout importe dans ce mot d'ordre qu'un généralissime édicte en quelques lignes sous la forme d'un thème de manœuvres.

En poursuivant la lecture de ce document, on s'aperçoit qu'il y circule une arrière-pensée de vieille armée, ou plutôt une pensée d'arrière, comme un anachronisme. Je cite :

« En raison de retards imprévus, subis par l'armée A, l'armée rouge principale a dû livrer seule, à hauteur de Coulmiers, une bataille qui, sans être décisive, a tourné à son désavantage ; elle s'est alors mise en retraite vers *Le Mans, où s'organisent de nouvelles levées provenant de l'ouest de la France.* »

C'est bien aux tristes jours de 1870 que ces hypothèses nous reportent. Mais elles ne sont plus vraisemblables à une époque où tous les hommes valides sont par avance, et en temps de paix, incorporés et exercés. Tous sont mobilisés. Des levées nouvelles, qu'est cela? Attendrait-on le siège de Paris pour utiliser toutes nos armées ?

Ces fictions n'ont pas seulement le tort de nous ramener à un système de défense sans prévoyance ni organisation rationnelles, elles ont aussi l'inconvénient d'être confuses. Il faut s'imposer plusieurs lectures pour les comprendre. Et, une fois transportées sur le terrain, elles échappent tout à fait à l'esprit. Personne, au cours des manœuvres, n'en a eu le moindre souci. Les généraux en chef, j'ose le dire, n'y ont pas plus pensé que le plus ignorant troupier.

Je ne veux pas avancer que l'auteur du thème ait mal fait de rattacher son idée à une hypothèse générale. Deux armées vont se rencontrer entre Bourges et Tours. Cela suppose des événements préalables. Il est bon d'en esquisser, en quelques lignes, les traits essentiels ; mais il convient de rester dans le domaine du simple.

Or, le thème est compliqué. Il ne parle pas à tous. Et, quoi qu'en puissent dire certaines personnes, je persiste à réclamer *pour les manœuvres* des ordres généraux très compréhensibles, très clairs, qui intéressent les officiers, les sous-officiers et même, autant que possible, les troupes.

On ne voudra pas, je pense, m'accuser d'introduire dans un tel sujet une pointe de démagogie. Je pense à l'armée-peuple, à cette puissance morale extraordinaire, à cette puissance intelligente, à cette énergie française, intuitive et nerveuse, gouvernée par des idées générales. Pour elle, cette petite guerre, ce rappel de guerre a besoin d'être éclairés. Ce n'est pas la guerre. Il ne s'agit pas de copier la guerre — *chose impossible.* — Il s'agit de tirer le maximum d'enseignements et de profits militaires au bénéfice de tous. Donc, il faut y intéresser tout le monde.

Mais je puis m'enfermer dans la technique, et soutenir par pur intérêt technique la nécessité d'imaginer des thèmes lumineux et simples, des ordres courts et clairs.

Une autorité ?

De Moltke.

Celui-là savait, je pense, concevoir en vue de la guerre moderne. Lisez ses thèmes.

En voici quelques-uns pris au hasard :

THÈME

Une armée du Sud marche de Niedenburg sur Osterode. Une armée du Nord a pris position en avant de cette localité. L'armée du Nord est arrivée le 1er au soir dans la région de Hohenstein et y a bivouaqué. Des patrouilles de cavalerie poussées en avant ont rencontré des postes d'infanterie ennemie à Ostervein et Gross-Gröben. Le 2, l'armée du Sud continue son mouvement en avant.

DE MOLTKE.

THÈME

Un corps d'armée de l'Est s'avance à marches forcées par Küstrin-Francfort afin d'arriver à Berlin avant qu'on puisse rassembler des forces importantes pour protéger la ville.

Un corps d'armée de l'Ouest a pris position entre Vogelsdorf et Tasdorf avec mission de protéger la capitale. Le défilé de Tasdorf est retranché.

DE MOLTKE.

THÈME

Un corps d'armée de l'Est est parti le 2 juin de la région de Berlin, se dirigeant vers Potsdam.

Son avant-garde s'est soustraite à une attaque, dessinée par des forces supérieures, du côté de Rietz en se dirigeant vers le Havel. Elle occupe l'Allstadt et fait garder le passage de Plane.

L'ennemi (corps de l'Ouest) a allumé de nombreux feux de bivouac à Rotscherlund. La pluie a rendu les prairies impraticables.

Le corps de l'Ouest tente de s'opposer aux opérations du corps de l'Est, qui a pour but de rompre l'investissement de Magdebourg sur la rive droite de l'Elbe.

DE MOLTKE.

On trouve tout ce qu'il faut dans ces rédactions. Elles sont concises, complètes, sensibles. Elles vont du fait général au particulier. Elles sont suffisantes.

Elles ouvrent franchement l'esprit. Elles

ne le tirent pas en arrière. Elles le projettent sur le fait.

Et voilà ce qu'il importe : la réalité actuelle, non l'histoire — la vie actuelle, non la vie défunte.

LA SOLENNITÉ

Simples, claires, parlantes, voilà donc ce que doivent être les données fournies par les thèmes. Nous ne reconnaissons pas ces qualités dans le thème de 1908. Pourquoi l'a-t-on rattaché à un fait historique? Parce qu'il est affecté de l'esprit d'école dont souffre l'état-major et de l'esprit de fausse tradition dont souffre toute l'armée.

L'étude de l'histoire est essentielle. Elle doit, je le concède, imprégner l'âme de l'officier. Elle est le fond de toute éducation militaire. Loin de moi l'idée de fournir la moindre excuse au ministre coupable d'avoir effacé l'histoire des programmes de Saint-Cyr.

Mais, en tout, il y a la manière. L'histoire

enseignée à l'école de guerre doit servir à faire avancer l'esprit, non à l'enchaîner. Le fait de guerre détaché de son époque perd toute valeur éducatrice. Dans l'observation et la critique des opérations de 1806, 1812, 1814, 1870, il faut sans cesse faire apercevoir à l'élève l'influence des mœurs, des idées et du régime.

A tout instant aussi, il convient de l'obliger à revivre dans le présent. Des comparaisons fréquentes avec les guerres les plus récentes sont des moyens très efficaces de s'évader du passé lointain et refroidi.

Je crains que l'esprit d'école n'ait pas ce souci constant. Le culte de l'histoire pour l'histoire, l'érudition pure ne sauraient faire des hommes d'action. Que fait-on à l'école des enseignements de la guerre russo-japonaise ? Quelle part leur donne-t-on ?

Enfin, je sens dans le thème pour 1908 un relent d'archaïsme qui m'inquiète. L'armée a une sensibilité exceptionnelle aux indications du haut commandement. Un mot, une phrase agissent sur elle plus que sur aucune collectivité. Et l'évocation de la bataille de Coulmiers, de cet épisode glorieux d'une guerre lamentable, qui recèle bien des leçons morales, politiques et militaires, mais qui n'offre aucun point de comparaison avec les guerres modernes, cette évocation est tout au moins inutile et, pour tout dire, malheureuse.

Je ne vois, du reste, nul intérêt à introduire dans un thème de manœuvres une indication historique quelconque.

Mais l'erreur la plus grave commise en France, à l'occasion de ces exercices à grande envergure, est d'en faire une solennité.

Pendant nombre d'années, c'était une solennité à grand spectacle. Tout était habilement combiné pour captiver l'attention et développer aux yeux du public ébloui une pompe extraordinaire. L'arrangement des partis était évident. On visait à organiser des victoires.

Cette fois, j'en conviens, une très honnête

pensée a présidé à cette préparation ; mais je n'y peux saluer une rupture assez franche avec la détestable tradition. Il y manque une vue purement positive. Examinons à grands traits en effet les conditions observées.

Le programme s'étend sur six jours. Chaque jour les opérations sont suspendues de midi à sept heures du soir. Voilà du moins le principe. S'il était respecté, il en résulterait que les opérations pourraient durer de sept heures du soir au lendemain à midi, et que les troupes se reposeraient le reste du temps. En fait, il n'en fut pas ainsi. Les opérations furent suspendues entre dix heures et demie, onze heures un quart. Les troupes avaient ensuite à rejoindre leurs cantonnements. A cette fin, elles durent parcourir souvent des distances considérables. Nous en avons vu qui n'atteignaient leur lieu de repos que vers sept heures, sept heures et demie du soir. Certaines ont marché jusqu'à huit heures. Les ordres pour le lendemain ne parvenaient aux colonels que vers neuf heures et même plus tard. On repartait à trois heures. Ainsi, il est arrivé à des régiments de faire en trois jours 112 kilomètres.

Un pareil effort était-il utile ? Nullement. Il ne servait aux opérations proprement dites que dans une faible mesure. Et cela apparaissait à tous les yeux. Les grandes manœuvres ne sont pas faites pour mettre les troupes à ces épreuves. Le général de Lacroix, renseigné, devait en tenir compte et abréger la manœuvre. C'est ce qu'il fit.

On arrive donc à se poser cette question : Pourquoi la durée de six jours ? On répond que c'est afin de permettre aux chefs d'armée de donner leur mesure et de déployer tout leur plan. C'est ici que j'en voulais venir. Rien ne sert de discuter. Prenons toujours des faits pour arbitres.

Tout d'abord les deux adversaires ont été placés à un tel intervalle qu'ils n'ont eu qu'un souci : provoquer la rencontre au plus vite. Ils ont effacé la distance par des marches forcées. Les troupes ont marché à peu près toute la nuit du 13 au 14. Peut-être justifiera-t-on ce premier dispositif par la nécessité de donner du champ à la puissante cavalerie du général Trémeau. C'était la première explication qui venait à l'esprit en considérant le pays. En réalité, la cavalerie a dévoré l'espace, mais elle n'a rien obtenu dans ce premier mouvement. Elle n'a alors rien fait d'utile — au contraire. Nous reviendrons sur ce sujet.

On pouvait donc certainement réaliser l'économie de cette grande journée qui n'a été employée à aucune manœuvre, n'a abouti à rien d'efficace, mais qui a prélevé sur l'énergie des troupes un tribut parfaitement stérile.

Le surmenage a continué les jours suivants. Aussi, les vingt-quatre heures de repos accordées le mercredi étaient-elles strictement indispensables. Cela fait deux jours à retrancher sur six. Restent les quatre jours de vrai travail.

Il convient de les disséquer. Supposons

qu'on ait accordé franchement ces quatre jours aux commandants d'armée, en toute liberté. Si on leur avait donné comme programme quatre jours de manœuvres sans plus, mais pas moins, ils auraient conçu leur tâche d'une manière continue.

A la condition de les placer tout de suite à portée, ils auraient esquissé un jeu de guerre singulièrement plus probant et plus comparable à la guerre que les quatre parties sitôt engagées, sitôt interrompues.

Dans une bataille pareille, où 50.000 hommes et plus sont engagés de chaque côté, l'action d'ensemble, pour être intéressante, exige un long temps. Elle a besoin de totaliser des actions multiples et fractionnées. Un simple exemple : voici une reconnaissance de cavalerie, ce qu'on appelle une reconnaissance d'officier. Au cours de son exploration, elle accroche un groupe ennemi. Son rôle peut être important. En se prolongeant, elle entraînera toute une série d'actes solidaires. Mais est-elle interrompue brusquement par le signal d'arrêt, le jeu est faussé et nul arbitre ne saurait le rétablir en hypothèse.

Autre exemple : dans la matinée du 14, le général Millet ordonna des reconnaissances offensives. C'était une chose capitale à mon sens, qui me servira à apprécier le caractère et la manière de ce chef d'armée. Ces reconnaissances offensives engageaient toute l'armée.

Elles devaient nécessairement obtenir des combats, et elles en ont obtenu un très vif sur Vicq et Veuil. Or, l'ordre de l'armée contenait cette disposition : à dix heures et demie, rupture de combat, et occupation effective des cantonnements ci-dessus indiqués (en arrière, bien entendu).

Comment est-il possible de concevoir une manœuvre de guerre dans ces termes? Les troupes sont en contact avec l'ennemi sur un front de 30 kilomètres. C'est une bataille à peu près générale. Qu'adviendra-t-il ? Nul ne le sait, mais peu importe.

A dix heures et demie et non pas à dix heures un quart ni à dix heures vingt minutes, mais bien à dix heures et demie le combat est rompu.

Tout le monde s'en va et cherche tranquillement ses cantonnements ! Voilà un genre de guerre qui nous fait remonter bien loin dans l'histoire. Comment l'expliquer, sinon par la convention dominante : Les troupes seront fatiguées vers dix heures et demie. Faisons-leur rompre le combat. Elles se replieront ou se dégageront peu à peu. Et vers onze heures et quart, heure habituelle de la fin de l'action, elles auront rejoint le rendez-vous en arrière.

On sait comment les choses se sont passées. J'ai fait allusion dans mon premier chapitre au dénouement de cette opération. C'est ici qu'il importe de la rappeler comme un fait où s'est déclaré le défaut capital du programme. Quelle était la valeur de ces reconnaissances offensives sur la plus grande échelle ? On peut en juger par voie de déduction, et je me permettrai de les critiquer en soi. Mais la manœuvre a justement pour objet de faire apparaître l'enchaînement logique et rigoureux des causes et des résultats. Un combat continu, que n'aurait pas coupé net la sonnerie fatidique, aurait fourni une démonstration péremptoire de leur valeur ou de leur danger. Au contraire, nous avons assisté à une action emphatique et sans suite.

Le commandant de l'armée a fait rentrer ses troupes sous le feu de l'ennemi. Elles avaient perdu beaucoup de monde. Mais à dix heures et demie les morts revenaient à la vie et le lendemain reprenaient leur place dans la manœuvre.

Si la neutralisation des éléments considérés comme perdus avait duré tout au long d'un jour complet de combat, on aurait mieux mesuré les sanctions réelles, et finalement les qualités des chefs comme leurs faiblesses auraient pris tout leur relief.

Ainsi la solennité des six journées multiplie

les invraisemblances dans le détail, fausse les résultats du champ de bataille, interrompt au plus fort de l'action l'expression de la volonté supérieure. Elle fait perdre le fil à tout le monde.

On peut dire, à ce propos, d'un général d'armée entravé par ces instructions, et dominé par ces fictions, ce qu'on disait autrefois du prince : « Un général est une cérémonie ».

Concluons : les grandes manœuvres ne sont pas libérées des formes d'une tradition surannée ; au lieu de lancer franchement deux armées l'une contre l'autre, on les contrarie, on leur imprime des mouvements incohérents, d'où il est impossible de tirer un enseignement profitable.

Ce n'est pas pour de telles choses que le pays consent un sacrifice d'argent considérable. Il importe dorénavant de procéder tout autrement. Un thème simple, un laps de temps assez court — quatre ou cinq jours semblent suffisants — durant lequel les opérations se développeront en toute liberté, tel est le programme pour lequel nous faisons des vœux.

III

LA CONCEPTION
DE
LA MANŒUVRE. — LES ORDRES

L'examen des opérations exige que je me réfère à l'ensemble des ordres donnés par les généraux commandant les deux armées. Par ces documents doivent s'exprimer le caractère et la philosophie professionnelle de chacun d'eux.

Comme l'analyse des ordres prend tout son intérêt dans les actes qui en découlent, nous serons naturellement conduit à suivre leur développement sur le terrain. Et, comme les manœuvres ont eu deux phases très distinctes, nous envisagerons ces deux phases séparément.

La première comprend les journées des 13, 14 et 15 septembre. La seconde commence le 17 au matin et finit le 18 au soir.

PREMIÈRE PÉRIODE

Opérations des 13, 14 et 15 septembre.

ARMÉE B. — GÉNÉRAL MILLET (1)

Le premier jour, les deux armées n'ont pas à combattre et s'avancent l'une contre l'autre. Leur objectif est la bataille. Elles doivent donc commencer dès l'abord à prendre leur dispositif tactique. La présentation des troupes sur le terrain choisi définit la conception initiale des chefs.

L'armée A, sous les ordres du général Trémeau, met en marche ses deux corps d'armée, chacun d'eux précédé d'une division de cavalerie. Le 8e corps, partant du quadrilatère Genouilly, Nohant, Graçay, Bagneux, à cheval sur le Fouzon, au-dessous de Vierzon, s'avance sur Valençay.

Le 9e corps, partant du quadrilatère Vatan,

(1) Voir les ordres du général Millet reproduits en annexe à la fin du volume, pages 152, 160, 167, 175, 181.

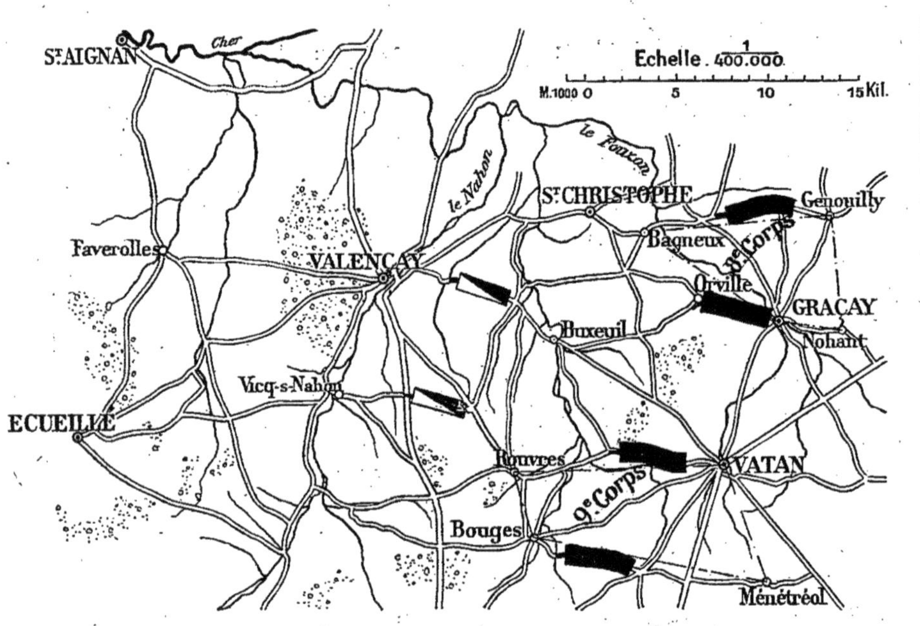

Disposition de marche de l'armée A les 13 et 14 septembre.

Rouvres, Bouges, Ménétréol, forme l'aile gauche et s'avance sur Vicq-sur-Nahon.

On jugera cette disposition un peu massive. On retrouve là la manifestation de la vieille tendance de l'esprit cavalier et de la foi en l'action des masses. J'y reviendrai en examinant le rôle de la cavalerie dans l'armée A. Les deux corps d'armée n'observent aucun échelonnement. Mais ils visent droit au but. Les corps de cavalerie, qui les précèdent, les éclairent et les couvrent suffisamment à cette heure, puisque l'ennemi est notoirement éloigné et n'a à sa disposition qu'une cavalerie trois fois moins nombreuse. Leurs buts sont plus rapprochés que leurs points de départ. On peut donc supposer que le général en chef cherche à forcer l'adversaire en un point, entre Valençay et Vicq, et qu'il attend pour se déployer d'avoir des renseignements sur les mouvements de l'adversaire. Nous verrons plus tard si cette conception est suffisante.

× ×

L'armée B comprend, outre les 4e et 5e corps, la division coloniale ; ses emplacements, le 12, s'étendent sur la rive gauche du Cher entre Francueil à l'ouest et Saint-Aignan à l'est.

Dès le début de son mouvement, on s'aperçoit qu'elle observe un déploiement considérable.

Le point extrême de l'aile droite, Francueil, est à 35 kilomètres en ligne droite du point extrême de l'aile gauche. Par rapport à l'objectif du général Trémeau, Valençay-Vicq-sur-Nahon, elle s'avance obliquement. Et, chose tout à fait caractéristique, elle s'avance par divisions en ordre parallèle et linéaire.

La division coloniale sur Villantrois, la 10e division sur Faverolles, la 9e division sur Nouans, la 8e division sur Montrésor et Villeloin, la 7e division sur Loché-sur-Indrois et le bois de Champ-d'Oiseau.

Il apparaît tout de suite que ces deux der-

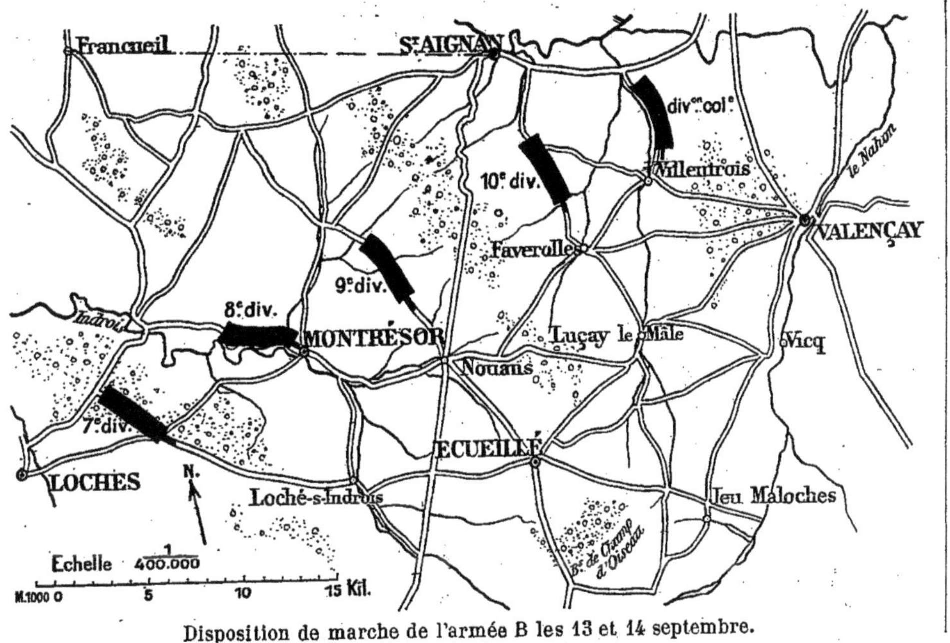

Disposition de marche de l'armée B les 13 et 14 septembre.

nières, qui forment le 4e corps, en marchant droit devant elles restent tout à fait à l'écart du mouvement utile de l'armée. Elles auront à accomplir une conversion à grand rayon. Et, en fait, elles ont exécuté deux marches forcées de nuit, le 13 et le 14 septembre, pour aboutir, enfin, la 8e division à Luçay-le-Mâle et la 7e division à Ecueillé et Jeu-Maloches où elle est restée *sans aucun emploi.*

× ×

Il se dégage de ces dispositions une impression singulière. Le thème général nous a convié à chercher des souvenirs historiques parmi les batailles de 1870. Mais c'est bien au delà de cette époque qu'il nous faut remonter pour trouver un terme de comparaison vraiment juste.

La guerre de 1870 offre les plus affligeants exemples de commandements imprévoyants et défaillants. Et nous ne ferons pas l'injure au général Millet d'un tel rapprochement. Du reste, 1870 fut au début une guerre d'infortune, où les chefs ont manqué aux troupes; une guerre de fortune ensuite, où les troupes exercées ont manqué aux chefs. Non, nous trouverons en remontant bien au delà, au XVIIIe siècle, une bataille type, en harmonie avec les us de l'époque et où le déploiement prématuré et l'ordre linéaire sont offerts à l'observation et aux coups d'un adversaire manœuvrier.

C'est Rosbach, avec Soubise contre Frédéric II. Le 5 novembre 1757, les alliés s'avançaient exactement comme s'est avancée l'armée du général Millet le 13 septembre 1908.

Tandis que leur cavalerie, sous le commandement de Saint-Germain, allait droit sur les lignes prussiennes et simulait une attaque, leur infanterie, sur deux colonnes, sans garde-flanc, dessinait un mouvement circulaire d'un développement de 15 kilomètres. Ainsi, la 8e et la 7e division du général Millet dessinent un mouvement de 70 kilomètres environ — tout a augmenté depuis 1757 — afin de tourner le général Trémeau par son flanc gauche. Le commandant de l'armée B avait, du reste, négligé de se faire précéder d'une avant-garde générale. Mais voici où la ressemblance cesse. Frédéric II, prévenu de cette conversion et pouvant sans peine négliger la démonstration de cavalerie de Soubise, fit marcher la cavalerie suivie de l'infanterie front aux deux lignes, par la gauche, pour ainsi attaquer en tête et en flanc les colonnes ennemies. (V. général Bonnal, *Rosbach*, page 25.)

Surprises dans leurs dispositions linéaires, celles-ci n'eurent pas le temps de passer à la formation de combat. Moins d'une heure après Frédéric remportait une belle victoire.

× ×

Nous verrons que si l'armée B a échappé à la défaite, cela tient d'abord à l'insuffisance du travail de découverte par la cavalerie Trémeau, à l'obstination de ce général à employer toutes ses forces, *sans manœuvrer,* là seulement où l'armée B l'attaquait, et surtout à l'insuffisance du temps attribué par la direction des manœuvres à l'action proprement dite.

La faiblesse des formations du général Millet n'en ressort pas moins évidente. Il s'est sur sa droite offert très vulnérable. Une cavalerie hardiment dirigée aurait aisément surpris les divisions en train de *jambonner* sur les routes, le long d'une ligne immense, et allant sans échelonnement, *sans service d'exploration,* avec seulement un service de sûreté, et la nuit.

Dans les ordres des journées suivantes, la manière des généraux s'affirme, et surtout celle du général Millet.

Puisque nous venons d'en entreprendre la critique, suivons-la.

Les instructions du 14 (1) pour l'armée B

(1) V. en annexe, page 160, les ordres à l'armée B.

ordonnent des reconnaissances d'armée dont j'ai déjà parlé. Elles ne s'adressent pas au corps d'armée, mais soit aux brigades, soit aux divisions. Elles sont d'une longueur démesurée, entrant dans tous les détails.

Rien n'y est laissé à l'imprévu.

Elles ont pour objet manifeste de supprimer toute œuvre personnelle du corps d'armée et d'interdire même toute interprétation.

L'armée sort de ses cantonnements et y rentre dans un ordre idéal. On dirait une boîte de soldats de plomb, qui se remplit et se vide sans craindre la casse. Une seule lacune cependant et qui a son importance : la fameuse opération de la rupture de combat n'y est pas du tout expliquée. Il semble qu'à l'heure fixée l'ennemi doive, lui aussi, consentir à laisser l'armée B lui tourner le dos. On compte sur sa complaisance. Que pensera-t-il de ce mouvement? Nul n'en a souci.

Telle ne fut pas sa résignation. Les brigades aventurées en reconnaissances furent accompagnées d'une forte canonnade qui n'aurait pas manqué de produire son effet.

Et c'était chose stupéfiante de regarder officiers et soldats au manchon blanc s'en retourner, placides et insouciants, sous un feu continu.

Les instructions, du reste si pointilleuses, n'avaient pu tout dire.

Elles impressionnaient les chefs de corps de telle manière qu'ils n'osaient ni les interpréter, ni les compléter. C'était très visible. On put relever alors des faits inouïs comme celui-ci : une brigade de la 17e division, chargée de l'une des reconnaissances d'armée, fut dirigée sur Vicq. Elle savait qu'à dix heures et demie elle devait reprendre exactement le chemin par où elle était venue. L'instruction le lui disait sans ambages. Elle devait notamment repasser par les Garniers et Malakoff, situés en arrière de la ligne de combat entre Vicq et Luçay-le-Mâle, et où d'autres troupes avec de l'artillerie attendaient. Or, la brigade avait emmené en reconnaissance toutes ses voitures, y compris ses cuisines. Et ce train, qui avait défilé là vers huit heures, redéfila à son tour vers dix heures.

Par ce détail — qui a son importance — on peut juger de l'état d'esprit des généraux soumis à l'absolutisme des prescriptions prématurées. Ce n'étaient plus des chefs, mais des automates.

Les yeux fixés sur un commandement en chef qui fait tout, qui dit tout, qui ne laisse à ses subordonnés ni initiative, ni collaboration, ils lui fournissaient le seul tribut qu'il méritât : la passivité servile.

× ×

Le 15, l'ordre affecte le même caractère; mais il est moins long.

Le général en chef évidemment se borne à défendre sa position. Il n'a pas l'intention de pousser en avant. A ses yeux, sa mission est remplie s'il tient l'armée A en arrêt. Et ce trait est d'accord avec les traits précédents. Ordre linéaire, marche découverte, déploiement prématuré sur tout le front, action défensive, instructions minutieuses, prévoyant tout sauf l'imprévu, c'est-à-dire l'essentiel de la guerre.

Une telle méthode obtient sans doute de grands avantages au cours de manœuvres aussi hachées, sans éploiement, par conséquent dépourvues des sanctions de la force.

Les arrangements des ordres s'appuyaient sur les arrangements des heures et des cantonnements.

L'intervention incessante de la convention était éminemment favorable à un général qui imposait aux hommes et aux choses des conventions. Mais où a-t-on vu en tout ceci le jeu des fonctions, la répartition des tâches, la division du travail et l'économie des forces? Ce sont cependant les règles qui gouvernent aujourd'hui toutes les armées. Elles sont les ordonnées logiques de la guerre moderne.

Le général Millet les a parfaitement dédaignées. Il a supprimé ses deux collaborateurs immédiats, les commandants des 4e et 5e corps. Ce premier degré de la division du travail et de la répartition du commandement n'a pas existé. Et c'est une chose qui, matériellement possible aux manœuvres, serait impossible à la guerre, ou du moins qui serait le plus grand péril pour l'armée.

× ×

Je sais bien que la thèse opposée est encore en faveur auprès de certains officiers généraux. Ils invoquent l'exemple de Napoléon. L'histoire des batailles napoléoniennes fournit en effet un grand nombre d'exemples de la multiplicité des ordres. L'empereur envoie des lettres particulières très nombreuses pour bien expliquer sa pensée.

Souvent, son ordre, en passant par le maréchal Berthier, se convertit en une quantité successive d'ordres dont le mérite n'est pas la clarté.

Mais j'observerai d'abord que Napoléon n'a jamais supprimé la mission de commandement de ses maréchaux ni de ses généraux commandant des corps d'armée; que s'il a souvent gardé à sa disposition des groupes, afin de conserver des réserves à sa portée, il ne faisait pas un système de passer sur la tête de ses subordonnés immédiats pour prescrire les dispositifs des divisions et des brigades.

Enfin, la multiplicité des ordres particuliers expédiés à toute heure du jour et de la nuit, au cours des opérations de cet homme extraordinaire, s'explique par son génie. Sa méthode de commandement était l'émanation de tout son être, toujours en éveil. Il surveillait sans cesse, en personne, son service d'espionnage, il se tenait au courant de tous les mouvements de l'ennemi. Il suppléait à notre appareil d'information (télégraphe, téléphone, etc.) par une dépense d'énergie incroyable et par une faculté d'intuition qui ne s'est rencontrée, je crois, chez aucun autre homme de guerre. Qui oserait donc comparer les ordres donnés à l'armée B, minutieux, remplis de dispositifs prématurés, aux ordres changeants mais adaptés aux circonstances que Napoléon expédiait à ses lieutenants ?

Il faut, du reste, tenir compte du temps. Napoléon n'avait pas, au début de sa carrière, à conduire des masses. Son génie s'est formé, son éducation s'est faite avec les instruments techniques très imparfaits que la Révolution et le Directoire lui ont remis. Il les a reforgés et adaptés aux grandes opérations, mais il connaissait leurs défauts inhérents aux improvisations des guerres permanentes. Jamais la paix ne fut assez longue pour lui permettre de créer un enseignement méthodique, ni une doctrine.

Ni Lannes, ni Davout, ni Murat, ni Soult n'avaient été préparés à l'école supérieure de guerre. (Et cependant c'est à ces hommes, Davout, Murat, Ney, Soult, etc., qu'il confiait la conduite des opérations, non à leurs divisionnaires.)

A la fin de l'Empire, alors que les armées devinrent innombrables, que le jeu se compliqua et atteignit des proportions démesurées, le génie de Napoléon ne put suffire à tout prévoir, à tout voir, à tout conduire. La méthode craquait de toutes parts sous la pression des événements et à cause de l'étendue des champs de bataille.

Le défaut d'initiative des maréchaux apparut nettement.

Dans son beau livre sur la *Manœuvre d'Iéna*, le général Bonnal a mis en évidence les inconvénients du commandement napoléonien ; il a tiré de l'histoire de ces journées mémorables de 1806 l'enseignement le plus utile et le plus fort en les rapprochant sans cesse des journées de 1870 et des conditions de la guerre moderne. Et il conclut avec force en faveur de la méthode de Moltke.

Les progrès de l'humanité se marquent en traits généraux sur toutes les formes de son activité. Les tâches qui embrassent et utilisent les masses, les instruments perfectionnés, les services abondants, exigent toutes une division graduée et hiérarchique du travail. Industrie, commerce, guerre, aucune n'échappe à cette loi. L'art de commander s'est transformé. Ce n'est plus l'art de se faire obéir, c'est surtout l'art de se faire comprendre par des hommes spécialisés et d'obtenir de chacun le meilleur emploi de ses facultés et de ses forces.

PREMIÈRE PÉRIODE

Opérations des 13, 14 *et* 15 *septembre* (suite).

ARMÉE A. — GÉNÉRAL TRÉMEAU

Nous avons indiqué précédemment les formations suivant lesquelles l'armée A commence son mouvement. Les deux corps d'armée s'avancent à 20 ou 25 kilomètres l'un de l'autre, et suivent deux lignes parallèles. Ils sont précédés et éclairés par une brigade de cavalerie.

L'un se dirige sur Valençay et la forêt de Gâtine. L'autre va sur Ecueillé par Vicq-sur-Nahon.

Les 6e et 7e divisions de cavalerie, réunies en corps de cavalerie, « ont pour mission, dit l'ordre général, de reconnaître les colonnes ennemies et de retarder leurs mouvements ».

Elles agiront à l'ouest de la forêt de Gâtine.

× ×

Examinons ces premières dispositions (1).

Tout s'y présente par masses. Les 8e et 7e corps se comportent en masses et sans échelonnement. La cavalerie agit en masse.

Ici nous n'avons plus affaire au système purement linéaire et au déploiement prématuré. Le général en chef tient compte de la nécessité de laisser ses corps groupés tant qu'il ignore le dessein de l'adversaire. Ses instructions réservent l'imprévu. Il ne s'attache pas à un plan préconçu. Il obéit à la pensée naturelle du moment. Il parle enfin avec clarté.

Ce sont là les qualités élémentaires du chef d'armée.

Reste à savoir si ses formations sont souples, si elles vont dès la première heure satisfaire aux tâches premières.

---

(1) L'examen des opérations de l'armée A s'appuie sur l'ensemble des instructions du général en chef de l'armée A, que l'on trouvera en annexe pages 148, 157, 164, 173 et 178.

Le système est essentiellement massif.

Il restera tel pendant tout le cours des opérations.

Les deux divisions de cavalerie ont pour mission d'attaquer des colonnes ennemies et de les retarder. Or, l'ennemi, comment s'avance-t-il? Sur cinq colonnes par division. Son front est immense.

Au nord, son jeu est un peu plus serré. Au sud, il ne l'est pas du tout.

Le général Trémeau l'ignore. Mais il devrait prendre des mesures afin de subordonner l'action de sa grande quantité de cavaliers aux formations de l'armée B. Il ne le fait pas. La masse des divisions agit lourdement. Elle n'explore pas le sol, elle le foule. Elle ne raisonne pas, elle s'appesantit.

Qu'arrive-t-il? Elle demeure collée à la forêt de Gâtine où une brigade de corps s'ajoute encore à cette masse.

Le premier jour de manœuvres voit se définir la tactique de l'arme chère au général Trémeau.

Elle est lourde. Elle se heurte aux pentes des grands bois ; elle s'embarrasse dans les terres ; elle charge trop tard ; elle disparaît faute d'emploi ; elle n'est pas là quand on l'attend.

A la fin de cette première matinée du 13, un régiment de dragons qui sert d'avant-garde voit sans broncher les manchons blancs se mêler aux jambes de ses chevaux. Il lui faut des coups de fusil pour l'obliger à se retirer. Nous le suivons et nous tombons dans les bois fourrés d'escadrons inertes, inutiles, comme fourvoyés.

Contraste : par cette pure matinée, l'air léger et frais vivifie, subtilise, affine les esprits et les choses ; l'infanterie déborde par les sentiers, les halliers, les ravins ; on dirait un flot clair, insinuant, rapide sans fracas, infiniment hardi et fluide. Et, là-haut, voici des énormes paquets de chevaux ; sous leurs sabots le sol, pourtant si sec et si franc, semble de glaise ; les mouvements se font lents, épais et gros. Cela ne remue pas. Cela est de pierre et de bronze. Cela est sans âme. Au total, une force colossale qu'on sent inutilisée.

Etait-ce donc écrit de toute éternité qu'un général de cavalerie aurait un corps de cavalerie aussi démesuré, et ne saurait rien en tirer? Cependant le terrain se prête certainement à son travail spécial. Il offre des couverts nombreux, des ravins, des plateaux. On peut y semer des partis d'éclaireurs, on peut y échelonner des reconnaissances d'officiers, on peut pousser loin sur les flancs d'un ennemi en marche.

Plus que le sol, l'ennemi lui-même s'offre aux attaques, aux pointes, et qui sait? oui, sans doute aux surprises et aux charges. Il chemine presque sans éclaireurs, avec un service de sûreté rudimentaire. Les divisions de droite n'ont aucune idée de combat : une cavalerie alerte, divisée, tombant sur cette aile sans cohésion, la mettrait aisément en déroute. Mais le commandant de l'armée A n'a pas la moindre idée de la marche de son adversaire.

Je me trompe, il se fait une idée préconçue de ses intentions. Il ne se donne pas la peine de procéder à une information complète. Il veut que l'armée B se dirige, elle aussi, avec toutes ses forces entre Ecueillé et le Cher, en appuyant fortement sur le centre.

En effet, comment expliquer cette instruction étroite : la cavalerie explorera à l'ouest de la forêt de Gâtine? Deux divisions pour explorer 5 à 6 kilomètres ! L'ouest de la forêt, c'est l'espace compris entre la lisière et le Modon.

Tout le pays au sud-ouest reste en dehors de ce cercle. C'est bien ainsi, du reste, que le corps de cavalerie a interprété les ordres. Il s'avance sur Luçay-le-Mâle, y rencontre l'une des divisions de l'armée B et croit y reconnaître l'aile droite. Cela lui suffit. Il ne cherche pas à savoir si l'armée B ne s'ouvre pas plus au sud.

Voilà donc à quoi sert un corps de cavalerie de deux divisions. Agglutiné, ordonné comme un gros d'armée, il reçoit une mission sans envergure.

En y ajoutant la brigade de corps qui, elle aussi, opère dans la forêt de Gâtine, plus de six mille cavaliers sont employés à une besogne qu'une brigade aurait suffi largement à accomplir, et qu'elle aurait mieux accomplie, mais à la condition qu'elle fût déployée, assouplie, informée, fractionnée.

Au lieu de faire une masse des divisions, il fallait les disposer en groupes de chasse, battant le pays, ne laissant rien inexploré à 15 et 20 kilomètres à la ronde. C'est ce qu'on attendait.

Cette erreur a produit par la suite un enchaînement de conséquences. Ayant touché aux troupes B à Luçay-le-Mâle, le général Trémeau va faire porter tout son effort sur la ligne du Modon. Ses troupes afflueront là les unes sur les autres.

L'armée ignorera les procédés des duels, elle ne tâtera pas l'adversaire, elle cherchera uniquement à l'assommer. Elle n'aura nul souci des feintes et de l'adresse. Elle ne croira qu'à la force qui enfonce. C'est l'ancien mode de l'action cavalière par masse.

Dès cette journée du 13, elle se trouve mise en échec par une action élémentaire de l'armée B. Il suffit de la brigade Carbillet, débouchant sur le Nahon, vers Villantrois, avec quelques pièces de canon, pour neutraliser cet immense effort. La manœuvre s'arrête là. Mais supposez qu'à cette gauche de l'armée B la division coloniale qui est là, toute postée très proche, reçoive une impulsion vigoureuse, qu'elle fonde sur cette aile sans valeur tactique, qu'elle utilise la forêt contre les chevaux de Trémeau, prisonniers des arbres et de leur propre masse ?...

Cette hypothèse eût été réalisée si le général Millet avait fait avancer devant lui une avant-garde générale. Chose facile. La division coloniale, la brigade Carbillet, partie de l'artillerie de corps, un peu de cavalerie pour éclairer.

ces éléments étaient presque rassemblés. Il fallait un ordre pour les coordonner.

C'en était fait de la liberté d'action de l'armée A. Elle donnait sur cette amorce. Qui sait? Puisque le général Trémeau a continué d'ignorer les deux divisions de la droite de Millet, il aurait probablement appelé le 8e corps à l'appui du 9e corps, et les quatre autres divisions de l'armée B auraient eu le moyen de manœuvrer sur le flanc et les derrières de l'armée A. Les journées suivantes eussent alors pris un intérêt réel.

Elles en furent, au contraire, tout à fait dépourvues

× ×

Les instructions pour la journée du 14 sont capitales. Elles accusent mieux encore le caractère du commandement aussi bien que son système tactique.

Au premier aspect, elles semblent respecter la division du travail par corps d'armée. Elles indiquent à chaque corps son but. Le 8e corps a pour objectif : Valençay et la forêt de Gâtine. Le 9e corps a le sien : Vicq et Veuil.

Mais aussitôt le général en chef les dépouille tous deux.

Il attribue aux divisions et même aux brigades leur position et leur rôle. Ses lieutenants n'ont qu'un jeu étroitement subalterne.

Le détail est peut-être moins minutieusement arrêté que dans l'armée B. Mais ce n'est qu'une nuance. A l'épreuve de la guerre, on ne la discernerait pas. Les chocs imprévus et l'offensive habile d'un chef à larges vues auraient vite raison de cet échiquier qu'un seul homme prétend tenir dans la main.

L'action reste à l'état de préparation. Elle tient entre Vicq et Luçay-le-Mâle. Or, cette ligne est débordée par l'aile droite du général Millet.

Entre Luçay et Vicq s'étend un vaste plateau. Le général Trémeau croit que toutes les forces de son adversaire sont sur cette position. Il se livre donc à des préparations. Une connaissance plus complète des faits l'aurait conduit non à préparer la bataille, mais à la livrer.

Il a en face de lui un front de troupes immense qui agit à gauche et au centre, mais s'amincit à droite et s'immobilise sur des positions. En le manœuvrant avec une avant-garde générale au nord, et en portant le gros de l'effort au sud, on peut le bousculer et passer. Mais on ne nous offrira que des combats d'avant-garde tactique sans intérêt positif. Ces combats s'étendent sur le plus grand front possible, comme le recommande l'ordre général.

Ils se bornent cependant au plateau à l'ouest de la forêt de Gâtine et laissent sans inquiétude la 8e et la 7e division de l'armée B.

Il est vrai que cette vigoureuse entreprise sur la gauche aurait dérangé les plans, désorganisé les projets de cantonnements et troublé les hypothèses préalables. Mais elle nous aurait donné l'impression d'un commandement en temps de guerre.

× ×

L'instruction du 15 septembre pour l'armée A est encore un programme de préparation.

Comme celle du 14, elle débute bien : un ordre au 9e corps d'armée. Il s'établira sur la rive gauche du Nahon. (Je supprime l'expression *solidement* qui n'a pas de signification précise.) Il attaquera l'ennemi sur le Modon. Mais aussitôt on retombe dans les ordres aux brigades et aux divisions.

Le général commandant la 18e division d'infanterie fera telle chose.

Le général de brigade opérera à tel endroit.

Le 8e corps appuiera l'attaque du 9e corps... Vous croiriez que c'est là un ordre au 8e corps ?

Détrompez-vous. Le général Trémeau ayant pris dans sa main la 15e division, le 8e corps n'est en réalité que la 16e division. C'est encore trop dire !

La 16e division appuie le 9e corps avec une brigade. L'autre brigade agit enfin pour son compte. On est donc fondé à dire que le 8e corps se réduit dans l'ordre à une brigade. Le commandant du 8e corps n'est pas tout à fait escamoté comme les chefs de corps d'armée du général Millet. Il dispose d'une brigade; mais, de peur qu'il ne s'égare, on lui trace aussi sa petite ligne de travail d'où il ne doit pas sortir.

Et vraiment n'est-ce pas une chose merveilleuse que ces généraux s'arrêtent à la brigade et ne descendent pas jusqu'à la section ?

Avec le progrès, on les verra placer les régiments, les bataillons et les compagnies, les caporaux et les soldats.

Nous aurons des généraux qui, penchés sur leur champ de bataille, travailleront sur la carte comme l'horloger l'œil sur un boîtier de montre.

On verra chacun d'eux, une grosse loupe à godet vissée à l'arcade sourcilière, tenir d'une main sa carte et de l'autre puiser avec une pince dans une tabatière des pièces minuscules.

Mais nous n'en sommes pas encore à ce degré de perfection. La guerre ne ressemble même pas à une grosse horloge. Et ceux qui disposent des armées selon cette minutie commettent une erreur monstrueuse en la voulant régler dans les détails.

Au premier choc, que deviendraient les instructions en huit ou dix articles, divisés en paragraphes *a, b, c, d, e, f,... x, y, z?* Qui aurait le temps de lire cette littérature au cours des vraies batailles?

Enfin, il faut y voir une violation audacieuse du règlement sur les manœuvres de l'infanterie. L'une des prescriptions générales de ce code militaire — véritable charte de la nation armée — détermine la méthode du commandement à tous les degrés :

« Le commandement supérieur fixe le but et le fait connaître.

» *Le commandement subordonné conserve l'initiative du choix des moyens : il reste constamment dans la dépendance du but assigné qu'il a le devoir d'atteindre.*

» Cette initiative est indispensable pour préparer les cadres de l'armée à la conduite des troupes dans les diverses circonstances de la guerre ; *il est rigoureusement interdit de la restreindre.* (1) »

× ×

En terminant l'examen général de la première partie des manœuvres — qui fut la

(1) Je dois cependant signaler la charge opérée par les cuirassiers des 6e et 7e divisions de l'armée A, le 15 septembre, au bord du plateau de Malakoff.

L'action touchait à sa fin et l'armée B gardait l'avantage quand sur son flanc gauche elle vit fondre cette masse des deux brigades de cuirassiers.

Nous étions à une distance de 1.800 mètres environ, par conséquent assez bien placé pour juger ce mouvement. Il fut très bien préparé. Sa soudaineté et sa rapidité furent remarquables. Intervint-il au moment opportun ? Il ne nous donna pas cette impression. Sans doute quelques instants auparavant, vers neuf heures et demie, les troupes du géné-

seule ayant en vue la bataille — nous devons conclure que les généraux chefs d'armée ont tous deux plus ou moins donné l'exemple le plus flagrant du mépris de cette règle suprême.

Or, les grandes manœuvres ont surtout pour objet de mettre à l'épreuve les généraux chefs d'armée, les généraux commandant les grandes unités; mais elles permettent aussi de juger le commandement aux moindres degrés.

Quel jugement pourrait-on porter sur les subordonnés des généraux Millet et Trémeau?

---

ral Millet faiblissaient sur toute cette ligne. Si la cavalerie rouge avait donné alors, la journée eût été une belle victoire. A dix heures et demie, l'armée B avait regagné le terrain perdu et même bien au delà; elle progressait sans arrêt.

La charge suffit bien à mettre un grand désordre dans les régiments d'arrière-flanc; mais en temps de guerre cette bousculade aurait-elle eu une profonde répercussion sur le centre et la masse? On en peut douter. En tout cas, considérée en elle-même, la charge du 15 fait grand honneur au général qui l'a commandée.

Je n'en conçois pas d'autre que celui-ci : leurs erreurs ont été couvertes par les erreurs des chefs d'armée, qui ont absorbé toutes les responsabilités et dont l'absolutisme a faussé tous les ressorts.

Ces généraux en chef ont violé le principe même du règlement, et, ce qu'il y a de plus grave, ils ne l'ont pas violé selon une volonté arrêtée et réfléchie, mais parce que leur éducation et leur nature sont en opposition avec lui. Ils appartiennent à la vieille armée. L'un d'eux a, il est vrai, pris une large collaboration à la rédaction de ce texte. Il faut lui en savoir gré. Mais les manœuvres du Centre ont démontré qu'il ne pouvait lui-même les appliquer.

Le règlement de 1904 est la charte de l'armée moderne. Ainsi s'est établie sous nos yeux cette vérité : que, pour soumettre l'armée à une loi nouvelle, il importe de lui donner un commandement qui la comprenne et l'accepte dans son esprit.

DEUXIÈME PÉRIODE

Opérations des 17 et 18 septembre.

ARMÉE A ET ARMÉE B

On sait que, par un ordre imprévu, le général de Lacroix a interrompu l'évolution des manœuvres et changé de thème.

Le 17 au matin, les deux généraux reçoivent les instructions nouvelles (1). Le général Millet est rappelé en arrière. Il doit passer la Loire aux ponts de Chaumont et d'Amboise. Le général Trémeau, informé de ce mouvement de retraite, doit en profiter pour exécuter son passage vers Tours à l'ouest, tout en gênant les desseins de l'adversaire.

En réalité, cette seconde phase des opérations était dans les vues du directeur des manœuvres depuis l'origine. Car il avait décidé que la dislocation de l'armée B aurait lieu le

(1) Voir les instructions nouvelles du général de Lacroix aux annexes, page 169.

18 sur la ligne de Tours à Romorantin, qui suit le Cher. Les gares de Montrichard et de Bléré avaient été désignées pour les embarquements. Cette décision impliquait évidemment l'intention de ramener, le dernier jour, l'armée bleue loin de la région où le thème primitif l'avait conduite.

L'idée d'une rupture de combat et d'une manœuvre en retraite était ingénieuse et devait soumettre les deux généraux à une nouvelle épreuve intéressante et très différente de la première. Mais les instructions du directeur des manœuvres sont loin d'être aussi brèves et aussi simples. Quelques mots suffisent sans doute pour définir sa volonté et l'expliquer. Cependant il a cru devoir l'envelopper dans le récit d'une entreprise compliquée et confuse se rattachant à la donnée primitive. C'est toujours la même guerre imaginaire où s'offrent à la méditation de nos officiers des souvenirs de 1870. L'ennemi est battu à Coulmiers ; mais il est moins désorganisé qu'il ne le paraissait. Puis, il va recevoir des renforts de l'ouest. Le généralissime des bleus appelle donc à lui le général Millet. *Qu'il ait battu ou non l'armée rouge*, celui-ci doit revenir sur la Loire, où on s'attend à voir paraître ses têtes de colonne le 20 septembre, etc...

Dans les instructions au général Trémeau, même fiction. « L'organisation de nos armées du Mans se poursuit régulièrement, écrit le soi-disant généralissime des rouges, etc... » Suit tout un petit roman qui a pour objet d'expliquer les choses advenues au nord de la Loire.

Aux premiers mots, du reste, se reconnaît l'archaïsme que nous avons déjà relevé dans les instructions premières : « L'organisation de nos armées du Mans se poursuit régulièrement. » Une fois de plus s'évoque le fantôme d'un temps lointain. Revenons à la réalité. Elle est heureusement moins douloureuse. Et, ne l'oublions pas, elle doit être faite de l'observation, de l'ordre et de la règle. Le goût de l'improvisation n'a plus de part dans la bonne conduite des armées.

Les généraux Millet et Trémeau ont-ils eu souci de ces explications ? J'en serais étonné. Elles étaient destinées à éclairer tous les officiers sur le sens du changement qui survenait dans les opérations. Je cherchai à connaître l'impression qu'elle fit sur eux. Je sus ainsi que l'armée ne les connut que par la *France militaire,* qui les donna le second jour. Mais officiellement elles ne parvinrent à la plupart des chefs de corps que deux ou trois jours après leur retour à la caserne !

× ×

Voilà pour la forme. Sur le fond, je me permettrai une critique plus importante. Le général directeur rappelle brusquement le général Millet au nord. Soit.

Mais comment le rappelle-t-il ? Dans les termes les plus catégoriques, il lui donne l'ordre de se replier, « qu'il ait battu l'ennemi ou non ». Et les délais précis qu'il lui impartit sont tels que le général Millet n'a que le temps de sonner la retraite et de filer, la plupart de ses corps ayant plus de 70 kilomètres à franchir en deux jours.

Le Général-directeur sait-il que le général en chef de l'armée B a ses troupes engagées sur toute la ligne, qu'il donne en pleine bataille de toutes ses forces? Alors il expose l'armée B à une rupture de combat trop hâtive. Il lui fait courir de gros risques. Une armée de 50.000 hommes en ligne sur un front de 40 kilomètres environ n'a pas la liberté de tourner le dos à l'ennemi et de courir les champs à raison de 35 kilomètres par jour, chaque jour ne comptant du reste que six heures.

Dans l'objectif supposé du Général-directeur, il a besoin de l'armée B au nord de la Loire *pour combattre*. Il a donc intérêt à la recevoir dans les meilleures conditions possibles.

Il ne saurait lui commander autre chose qu'une retraite habile, dissimulée d'abord et s'effectuant en échelons très sagement et très rigoureusement ordonnés. Le mieux eût donc été de rédiger l'ordre dans les termes les plus réservés : « Dégagez-vous dès qu'il vous sera possible, et repliez-vous de manière à amener vos troupes dans le meilleur état. »

Puis, en se tenant au courant de l'action de l'armée B, le général directeur aurait subordonné l'exécution de son plan à l'arrivée de cette force, en ayant bien soin de tenir compte de la nécessité de faire reposer les troupes après une retraite nécessairement fatigante.

Ainsi le thème imaginé ne s'accorde pas avec les conditions réelles de la manœuvre. Que voulait le général de Lacroix ? Ramener à certaines gares les troupes de l'armée B. Le mieux eût été d'ordonner une rupture de combat et une retraite, sans préciser d'autre but, en laissant toute liberté aux généraux. C'eût été sans doute une épreuve sérieuse. Notre curiosité l'attendait. On devine qu'elle a été déçue. La responsabilité ici incombe moins au général en chef de l'armée B qu'au Général-directeur des manœuvres, qui lui a imposé évidemment des conditions trop défavorables.

L'ordre du 17 pour l'armée B, après avoir défini la situation nouvelle, ordonne comme premier mouvement d'attaquer l'ennemi.

Tandis que la droite commence immédiatement la retraite (7e division), les 8e, 9e, 10e divisions et la division coloniale combattront. La 8e division commencera la rupture du combat, la 9e suivra. En dernier lieu la 10e, qui tient le pivot du mouvement à Luçay-le-Mâle, cédera. Mais celle-ci ne se retirera qu'au moment où la division coloniale viendra la remplacer.

Cet ordre révèle chez le général Millet l'intention d'échelonner sa retraite et de resserrer ses lignes. Il est obligé de faire tenir ses mouvements dans un espace de temps extrêmement restreint. La fiction du thème d'abord, la courte durée de la manœuvre journalière ensuite, l'immense longueur de son front enfin, voilà les trois conditions principales qui rendent sa tâche extrêmement ardue.

En temps de guerre, elle serait absolument

impossible. Sauf sous la pression d'événements très graves, un général qui entreprendrait une retraite dans ces conditions s'exposerait à un désastre. A elle seule, l'opération du resserrement des lignes aurait exigé du temps, de la souplesse et du coup d'œil. Au lieu de faire détaler la 7e division vers le nord-ouest, à 25 kilomètres en arrière du champ de bataille, on aurait dû la placer en soutien sur la droite en second échelon.

En effet, la 8e division, obligée de supporter à elle seule le choc de la gauche des bleus, s'est trouvée débordée au moment où elle esquissait la retraite, et les arbitres l'ont, si je suis bien informé, mise hors de combat.

La 10e division et la division coloniale — on l'a vu dans l'ordre général — avaient à exécuter une opération fort délicate. Tandis que la première se retirait de Luçay-le-Mâle, la seconde devait l'y remplacer.

A vrai dire, même théoriquement, cette conception est difficile à admettre. Qu'à l'une des extrémités du combat on pense à substituer, pendant l'action, un corps à un autre, cela peut être accepté à l'extrême rigueur. Au centre de l'action, ce ne serait qu'une folle tentative.

Mais, où que ce soit, la substitution d'un régiment à un autre fait encourir aux troupes les risques les plus graves. On doit en dire autant même de la substitution d'une compagnie à une autre. Celle d'une division à une autre me paraît en dehors des possibilités, j'entends sous le feu.

Les troupes ont pris position dans un village et autour. Elles l'ont fortifié, et elles ont creusé leurs retranchements. Tous ces petits travaux sont œuvre de fourmilière ; chacun reconnaît le poste qu'il a adapté à sa défense et, en outre, quelques mètres à la ronde.

Or voici qu'il doit lâcher pied, afin de permettre à un camarade, qui arrive en tirant et étranger à la préparation, de tenir la place !

La 10e division et la coloniale ont dû accomplir ce tour de force à Luçay-le-Mâle. J'ai aperçu de loin la confusion de cette affaire. Au milieu des troupes, elle m'eût apparu bien plus complète, j'en suis certain.

Luçay-le-Mâle était devenu, par l'effet des opérations antérieures, on pourrait même dire par une sorte d'accord tacite des deux partis, le centre vif de toute la bataille. Le général Millet l'avait naturellement considéré comme l'ultime point de suture qu'il avait à découdre. Il est donc difficile de saisir la raison qui l'a déterminé à s'exposer là à un échec. Grâce au sang-froid des chefs et à la vivacité des troupes, et surtout à l'innocuité du tir à blanc, les apparences ont été sauvées. Mais rien de plus.

En résumé, l'ordre du général Millet est resté purement théorique. Les faits, au cours du combat, ont démenti sa tactique. Sa défensive agressive est devenue tout de suite une véritable bataille. Ses divisions engagées ont été accrochées. Certaines ont été compromises.

Sa feinte n'a pas servi son ordre de retraite, bien au contraire. La situation que lui faisait l'ordre de repli ne comportait qu'une manœuvre de retraite. Mais, je le répète, la faute originelle remonte au directeur des manœuvres, qui a ordonné une telle opération en plein jour, à heure fixe et avec des raccourcis inadmissibles.

Du côté de l'armée A, les ordres du 17 révèlent chez le général Trémeau une certaine attente. Il ne connaît pas tout de suite la retraite de l'armée B ; mais il se tient évidemment sur ses gardes. Lui aussi a reçu un thème nouveau. C'est donc que l'orientation de la manœuvre va changer. Les mouvements de l'armée B n'annoncent pas en apparence la retraite. Quand elle se dessine, elle provoque dans l'armée A un certain trouble. A ce moment, les dangers de la disposition massive du général Trémeau se dénoncent avec un caractère d'évidence remarquable. Si le général de l'armée B avait été libre, et surtout s'il avait préparé sa retraite par la formation d'une arrière-garde générale couvrant ses échelons et capable de défendre en attaquant, quelque partie de l'armée A aurait pu être mise en fâcheuse posture.

Nous avons vu qu'au contraire l'armée A a eu les avantages de cette journée.

Mais il faut se garder de tirer de ces invraisemblances une conclusion quelconque.

XX

La journée du 18 septembre, la dernière, n'a pas offert grand intérêt. Les troupes se dirigeaient à la hâte vers les gares d'embarquement.

Bornons-nous donc à l'examen de l'ordre de l'armée A qui est, à ce moment, l'armée bataillense par définition. Le général Trémeau constitue son avant-garde de poursuite. A première vue, cela ne se dégage pas des instructions. Les 6e et 7e divisions menacent la retraite de l'armée B et, en même temps, couvrent le mouvement du gros. Une seule division d'infanterie du 8e corps agira dans le même sens. Le gros se compose du 9e corps et de l'autre division du 8e corps. C'est bien l'affaire du général en chef de faire cette répartition. Mais on aurait souhaité de voir dire franchement : « L'avant-garde de poursuite est constituée *sous les ordres* du général X... Elle est composée de tels éléments..., etc... »

Chicane de mots ? Non pas. La seule tâche originale au cours de cette seconde phase des manœuvres était, pour l'armée A, celle de la poursuite. Si écourtée qu'elle fût par le besoin de précipiter la marche vers les gares, elle pouvait encore offrir de l'intérêt par l'esquisse d'une action méthodique rapide et précise.

On en trouve les éléments dans l'ordre ; mais ils y sont mêlés et obscurs.

Clarté et précision seront toujours les qualités premières des instructions d'un chef.

IV

OBSERVATIONS SUR LES TROUPES

LE MORAL. — LA COHÉSION

L'avouerai-je, il me tardait, tandis que je rédigeais mes précédentes observations, d'en venir à l'examen du travail des troupes. Si les journées de manœuvres ont été, pour nous, si brèves et si pleines ; si nous en avons rapporté un sentiment de confiance et de fierté, c'est à ces admirables troupes que nous devons en attribuer tout le mérite.

Je n'entends pas m'en tenir à cette impression générale. Telle quelle, cependant, je tiens à l'exprimer d'abord en ces termes, qu'emploierait un simple amateur des spectacles militaires. L'aspect des masses en marche, sur le terrain de combat ou dans les cantonnements, est à lui seul un élément capital. Aux regards des observateurs qui peuvent se dispenser de pénétrer plus au fond des choses, il suffit à justifier un jugement en tous points optimiste. Il a joué un rôle important dans les comptes rendus journaliers qui ont été fournis au public. J'en fais moi-même le plus grand cas.

Dans ce pays de liberté où la personnalité humaine tend à conquérir toute sa valeur, la tenue des soldats reflète à la fois l'esprit de la masse et l'esprit des chefs. Si donc les témoins des grandes manœuvres du Centre sont unanimes à louer les troupes, nous avons pour devoir de louer les chefs de tous grades, qui les ont formées et commandées.

Mes louanges iront d'abord et surtout à ceux des officiers qui vivent avec les hommes, qui partagent leurs fatigues, qui prennent soin d'eux, dont la vertu militaire est pour eux le meilleur exemple de patriotisme.

Mais je me garderai d'être injuste envers

les officiers généraux, et j'aime à leur rendre hommage dans la mesure où leur propre esprit a pénétré les cadres et les rangs de l'armée.

Ainsi, la provision d'enthousiasme que les spectateurs des grandes manœuvres en ont rapportée, ils la doivent à toute l'armée. Elle a pu, à certaines heures, atténuer dans une large mesure l'effet pénible produit sur quelques-uns d'entre nous par les erreurs du haut commandement.

J'y vois bien un inconvénient sérieux. Elle autorise, en apparence, des affirmations hardies jusqu'à la témérité, comme celles que nous avons entendues récemment de la bouche du Ministre de la guerre (1). Mais il faut, dans la critique, avoir soin de mettre toute chose à sa place. Or, la chose qui importe avant tout, c'est la supériorité de nos troupes. Cet élément de nos chances en temps de guerre doit être

(1) Discours du général Picquart, ministre de la guerre (Chambre des députés) ; séance du 17 novembre 1908.

constant, tandis que le commandement est nécessairement variable. Mais je ne voudrais pas m'en tenir à ce coup d'œil d'ensemble. La vie en campagne n'est point uniforme. Elle se compose de marches, de stationnements et de combats.

Suivons donc nos troupiers dans ces trois phases.

LES MARCHES

Les marches exigent du soldat deux sortes d'épreuves : une épreuve de résistance et une épreuve de discipline.

La plus impressionnante fut, sans conteste, l'épreuve de résistance. Les dispositions adoptées par le directeur général des manœuvres, c'est-à-dire l'éloignement primitif des deux armées, impliquaient des marches considérables; mais il semble que les généraux aient eu souci de renouveler sans cesse ce programme.

Ils fixèrent chaque jour les cantonnements

sans tenir compte des positions où la fin de la manœuvre surprendrait les troupes. Nous avons vu des colonnes cheminer des après-midi entiers avant de trouver leur lieu de repos. Il est arrivé fréquemment à des régiments de s'installer au cantonnement vers sept heures et même plus tard.

Ici je pose cette question : A quoi servent les solennelles instructions relatives aux siestes après midi, aux temps de haltes et au sommeil? Dans l'abondante paperasserie qui précède les manœuvres, celles-ci prennent une place prépondérante. Les chefs de corps les lisent en tremblant, les journaux les commentent avec satisfaction. Sur le terrain, tout ce fatras s'évanouit. Et il ne faut ni s'en étonner, ni s'en indigner. Si la manœuvre est conduite comme un exercice sérieux de guerre, ces précautions sont forcément vaines.

Mais le fait est capital. Il mérite d'être constaté avec force. Je l'ai déjà fait au début de ces observations et j'y reviens ici, parce que si les manœuvres gardent aujourd'hui leur caractère conventionnel, c'est qu'on prétend se préoccuper avant tout de la santé des hommes. Leur repos et leur sommeil exigent des spectacles coupés.

Je n'incrimine pas les intentions qui du reste importent peu. Le fait répond. Les troupes sont fatalement surmenées. Les manœuvres de six jours, comme elles sont pratiquées, sont excessives. Tout le jeu de la tactique y est faussé par des interruptions inutiles, dont personne n'a le moindre bénéfice.

Les dernières grandes manœuvres ont donc été surtout des épreuves de marche et d'endurance.

Le ciel a été extrêmement favorable. Avec le mauvais temps, certaines étapes auraient été impossibles, ou du moins auraient provoqué de grands déchets.

Des deux armées, celle qui a fait le plus de kilomètres est l'armée B, et, dans l'armée B, les troupes qui ont fourni les plus grandes distances étaient à l'aile droite.

Les 13, 14 et 15 septembre, elles ont franchi plus de 100 kilomètres, et elles ont eu quelques engagements les 14 et 15 septembre.

Voilà comment se sont décomposées à peu près leurs journées :

Le 13 septembre, de quatre heures ou cinq heures du matin à deux heures ou trois heures du soir, elles ont franchi de 35 à 40 kilomètres.

Le 14 septembre, une trentaine de kilomètres. Départ de nuit entre minuit et une heure du matin. Engagement vers neuf heures du matin.

Le 15 septembre, de 30 à 40 kilomètres (y compris les distances pour gagner les cantonnements). Départ vers quatre heures du matin.

Ces grands efforts se sont accomplis sans à-coups. La bonne humeur était générale, le moral excellent.

Il n'y avait pas de traînards, et l'état sanitaire ne laissait rien à désirer.

Mais ici je place des observations importantes. Tous les hommes que nous avons vus si résistants et si gais avaient acquis leurs qualités grâce à un entraînement préalable. Il était impossible de distinguer des soldats de l'active les réservistes du premier appel convoqués les uns pour vingt-huit jours, la plupart pour vingt-trois C'est que tous avaient pris part d'abord aux manœuvres de corps d'armée contre corps d'armée, et avaient déjà exécuté une série de marches. C'est que tous, avant de partir aux manœuvres, étaient passés par une courte période d'entraînement dans les garnisons. Ces conditions de bonne préparation leur manqueront au moment d'une guerre. Les réservistes du premier appel sont en effet affectés par la mobilisation à des régiments actifs qui seront transportés sur la frontière dans les premiers jours — vers le quatrième, selon toute probabilité. Cet élément de l'armée du temps de paix a donc besoin surtout d'être tenu en haleine. Il y a le plus grand intérêt à ce qu'il garde une sorte d'activité civique, soit qu'il soit repris par des sociétés de gymnastique après le service militaire, soit qu'il soit tenu directement sous l'influence de la vie militaire par des périodes d'instruction très courtes et fréquentes à proximité du domicile. Ainsi se pose une question dont l'importance apparaîtra avec plus de relief au fur et à mesure que l'armée et la nation se pénétreront l'une l'autre plus intimement.

On s'est accordé à constater que la discipline de marche a été généralement très satisfaisante. L'ordre sur les routes était remarquable. Les troupes occupaient un seul côté ou bien, plus rarement, laissaient entre les deux files l'axe de la route très dégagé. Les estafettes et les voitures circulaient sans encombre. Les automobiles elles-mêmes n'étaient pas gênées, et celles dont les conducteurs se faisaient scrupule de ne pas soulever des nuages de poussière ne recevaient pas des hommes de mauvais compliments.

C'est là, dans les champs, sur les routes, dans la communauté des heures de sueur et de peine, qu'on aperçoit de quelle solide matière se tressent les liens qui unissent les hommes aux chefs. La vie de campagne crée le seul atelier où se forge en pur métal l'épée de la patrie. Je rappellerai bientôt cette vérité historique aux états-majors qui, je le crains, s'en laissent facilement distraire.

LE STATIONNEMENT

Le mode de stationnement généralement employé fut le cantonnement-bivouac très resserré. Les villages, les moindres hameaux et les fermes furent utilisés. De la réception faite par les habitants, que dire qui ne soit attendu de nos lecteurs ? Ils ouvraient avec joie leurs maisons à cette invasion; ils s'empressaient de prêter les mains aux installations rapides et sommaires des troupiers; ils cédaient leurs propres chambres aux gradés.

Cet accueil n'est pas indifférent à la bonne tenue d'une armée. Elle y trouve un réconfort et une quiétude morale qui jouent un rôle prépondérant dans la réparation de l'énergie.

Cette bonne grâce et cette hospitalité chaleureuse faisaient aisément oublier aux fantassins les piétinements sur le terrain et les longs rubans de route qu'il leur avait fallu parcourir pour gagner les lieux de repos.

Cependant, aux cantonnements, c'était un véritable entassement. Les nuits étaient trop fraîches pour qu'on pût s'offrir le luxe délicieux de rêver aux étoiles. Ceux donc qui ne pouvaient trouver place sous les abris couverts devaient construire des abris improvisés.

Aussi, en parcourant les bivouacs des deux armées, je me demandais quelles raisons pouvaient bien déterminer les chefs à faire généralement coucher les troupes si loin de leurs terrains d'opération. Je sais bien que parfois la route faite l'après-midi les rapprochait de leurs postes du lendemain. Mais le plus souvent il n'en était pas ainsi. La manœuvre s'est concentrée en somme sur une seule ligne, résultat du plan adopté dès le début par le commandement. La tactique des deux armées a été très simple et ne s'est pas compliquée de ces mouvements imprévus et savants qui exigent des troupes une extrême mobilité. Celles-ci revenaient la plupart du temps aux environs des points qu'elles avaient occupés la veille.

On s'explique donc malaisément ces longs cheminements de l'après-midi, si déprimants et si vains, qui aboutissaient à un bivouac. Loin de moi l'idée de critiquer ces installations rudimentaires. Elles sont inhérentes à la vie de campagne. Que nos petits guerriers n'aient pas couché dans les *chambres du roi*, où chacun des innombrables châteaux de la Loire, de l'Indre et du Cher se fait honneur d'avoir hébergé au moins une nuit Henri II et Diane de Poitiers, c'est, je pense, une déception dont ils se seront vite consolés. Mais, du moment qu'on leur offrait pour couchettes la paille, le foin ou la terre battue, à quel dessein obéissait-on en les conduisant ainsi à 10, 12 ou 15 kilomètres du pays où ils combattaient?

Je crains de l'entrevoir. Le secret des états-majors n'est pas toujours difficile à percer, même dans le simulacre de la guerre. Ils se sont ingéniés, si je ne me trompe, à passer à côté des duretés de la vie de campagne.

Oh ! eux non plus n'ont pas vécu sous les lambris dorés. Mais on les trouvait étalés dans les gros villages avec leurs trop copieux services accessoires.

Quel déploiement de personnel, que d'officiers de tous rangs, que de bruissements d'aiguillettes autour des généraux commandant les corps d'armée ! C'est là que se concentrent les brevetés de l'Ecole supérieure de guerre, les favoris, ceux à qui d'adroites combinaisons permettront d'échapper au retour réglementaire parmi les troupes. Dans les garnisons, ces gros états-majors se dissimulent; ici, aux manœuvres, ils se déploient. On devine alors toute la paperasserie qui les absorbe; les babioles routinières, les formalismes enfantins qui justifient leur surabondance.

Au moins, on aurait voulu les voir donner l'exemple de la soumission à la vie de campagne, et même céder à son attrait.

Mais l'épreuve des grandes manœuvres découvre aussi le laissez-aller et l'insuffisance du travail — j'entends du travail sérieux — des états-majors. On voit beaucoup d'officiers qui s'agitent. On en voit peu qui agissent. Que l'on se garde de les incriminer. La faute n'est pas à ces jeunes gens qui s'attachent à un patronage en vue de l'avancement. Ce qui est attaquable, c'est le système. La faute n'est pas aux officiers qui s'appliquent à des besognes subalternes et inintelligentes. La faute est aux généraux qui, désenchantés, ou lassés, ou usés, renoncent à se servir de leur cerveau pour commander, ne regardent les troupes que du bout des cils, ne les font jamais manœuvrer sous leurs yeux, ne s'appliquent pas à diriger leur éducation militaire et les conduisent aux manœuvres, hélas ! en passant procuration. Nous avons vu quelques généraux travailler avec leur parti et tenir leur place, mais combien peu ! Il résulte des renseignements que j'ai pris sur place que les chefs des grosses unités se sont trop désintéressés de la formation des colonnes et de la mise en mouvement des troupes. On ne les a pas vus dans les cantonnements.

En somme, les états-majors et les généraux n'ont pas, sauf quelques exceptions, accepté franchement la fiction de la guerre, et les arrangements qui suivaient les instructions aux armées révèlent leur principal souci de se ménager un emplacement aisé et un gîte passable.

L'ENTRETIEN DES TROUPES

Avant de passer à l'examen des troupes pendant le combat, je ferai quelques remarques sur la nourriture des hommes et l'organisation des avant-postes.

Nous avons recueilli une bonne impression de la manière dont l'alimentation a été assurée. Les cuisines roulantes ont donné de bons résultats. Les officiers supérieurs se sont appliqués à faire prendre les repas suffisants avant la mise en route, et d'autant plus solides que le départ était plus matinal et que la journée s'annonçait plus pénible.

C'est, ne l'oublions pas, le principal élément de force des armées pendant les campagnes. C'est, du reste, l'un des problèmes les plus compliqués et, si perfectible que soit l'art de faire la guerre, ses progrès en cette matière dépendent moins de l'équipement et des machines que de la vigilance et de la prévoyance des chefs.

Il n'y a rien à apprendre à personne là-dessus. Je citerai cependant deux traits historiques que des lectures récentes m'ont mis sous les yeux.

En novembre 1799, l'armée d'Italie agonisait. Elle se traînait dans un dénûment absolu. L'excellente *Histoire du siège de Gênes,* que M. E. Gachot vient de publier, s'ouvre sur ce lamentable tableau.

A lui seul, l'un des documents les plus curieux de ce livre suffirait à nous émouvoir. C'est une lettre de l'adjudant-général Hector Legury au Premier Consul. J'en cite seulement une phrase qui est relative à la nourriture du soldat :

« ... Ce qui reste de l'armée d'Italie est aujourd'hui plus que jamais sans pain, sans argent, sans cartouches, sans cavalerie, sans canons, sans une seule voiture, sans un seul mulet ! Ce sont les Polonais qui, dans les derniers jours de combat, ont porté sur leur dos le très peu de pain que les soldats ont à manger, et vous le savez, mon général, *tous les grands généraux ont démontré qu'une armée qui n'a pas mangé sera toujours battue par celle qui n'a pas dormi.* »

Voici maintenant la seconde citation à laquelle je voulais me référer :

« Le 24 juin, jour de la bataille de Solférino, les troupes françaises mangèrent la soupe dès leur départ, bien qu'il fût fixé entre les deux et trois heures du matin. Elles furent en état de combattre tout le jour. Du côté autrichien, le départ avait été fixé à neuf heures, avec ordre de prendre un repas avant de quitter le bivouac. Or, l'attaque française s'étant produite de bonne heure, la mise en route des corps autrichiens fut retardée parce que l'armée autrichienne était occupée à faire la cuisine et n'avait pas mangé. » (*Revue militaire générale*, novembre 1908.)

Ainsi, la première préoccupation du commandement doit être de faire manger les hommes. Celle de les faire dormir vient après. J'ai lu avec intérêt les recommandations qu'un des collaborateurs de la *France militaire* (1) adressait avant les manœuvres aux grands chefs. Il leur rappelait ces visages de somnambule qu'on remarque chez les troupiers pendant les manœuvres. Il avait raison. Si les manœuvres s'étendent sur une semaine entière, il est inhumain d'exposer les hommes à des marches et à des combats de nuit. Mais ici encore se confirme la thèse que je m'efforce de soutenir au cours de ces études. Le général de Lacroix, cédant aux habitudes, a établi un thème sur six jours. Il a eu le souci louable d'assurer aux soldats un sommeil suffisant. Soit. Mais ce n'est pas *ce programme de sommeil qui doit servir* de base au programme des

(1) *France militaire*, n° du 26 août 1908.

manœuvres. Une période très courte de combats, même de nuit, aboutirait à une somme de fatigue moindre, à la condition toutefois que le troupier fût bien nourri.

Et aux manœuvres cette condition peut et doit être toujours bien remplie.

LES AVANT-POSTES

Le service d'avant-postes impose à la troupe un supplément de fatigue, qui est loin d'être négligeable. Il importe donc de ne pas les fixer suivant la régularité mathématique. Leur nombre et leur importance doivent naturellement varier, d'abord suivant les risques de surprises, puis suivant l'importance de la troupe à garder.

Autant que nous avons pu en juger en circulant rapidement à travers les cantonnements, ces sages mesures ont été généralement observées. Cependant, le 13 au soir, les avant-postes paraissaient employer beaucoup de monde, alors que les deux armées étaient encore très éloignées l'une de l'autre.

L'abus des forces des hommes dans des services nécessaires, mais hors du combat, sera toujours l'une des faiblesses du commandement aux divers degrés. Il a à sa disposition une masse. Il perd de vue l'énorme déperdition que la bataille meurtrière fera subir à sa troupe. Il y puise à pleines mains. Sans doute il y aurait danger à en être trop avare, quand il s'agit de se protéger ou de faire enlever en un tour de main une de ces tâches accessoires et ardues, comme il s'en offre presque à chaque pas sur le terrain occupé. Il ne faut pas non plus traiter les hommes comme de petites maîtresses, renâclant devant les corvées et discutant l'opportunité d'un geste ou d'un effort. Ce serait détruire en eux la sensation physique de puissance qu'ils reçoivent de leur propre masse. Que jamais l'individu ne se sente écrasé ou chétif! Le dieu bouddhique à une seule tête, servi par une pluralité de bras, pourrait nous offrir la symbolique représentation d'une armée à tous les instants de sa vie collective.

Néanmoins, le chef a besoin de s'observer, s'il veut faire une économie raisonnable de cette énergie confiée à sa discrétion. Le combat! qu'il n'oublie pas le combat. Ce qui le précède ou l'entoure n'a pas d'importance propre.

Cela ne compte qu'en vue du résultat. Il n'est si basse besogne militaire qui ne mérite de recevoir son coefficient d'utilité combative.

LES TROUPES AU COMBAT

Nous avons déjà dit que les engagements furent rares par rapport à la durée des manœuvres. Certaines troupes ne virent le feu qu'une fois; d'autres ne combattirent pas du tout.

Les personnes qui veulent absolument voir dans les manœuvres une reproduction de la guerre diront que cette inégalité n'a aucune importance. Nous qui nous intéressons surtout à la mise en mouvement de tous les organes de l'usine militaire, nous la regrettons.

Quand un industriel a édifié son établissement et installé ses machines, il procède d'abord à un essai. Chargé de fournir la lumière ou l'énergie à une cité, il ne veut pas s'exposer à des tâtonnements ou à des ratés. Il met son personnel en place et ses turbines en mouvement, donne le branle à toute la machinerie et aux équipes. Ce travail à blanc permet de reconnaître les choses qui ne sont pas encore au point et complète le dressage harmonique de la maison.

L'armée a certainement besoin de faire ses essais. Toutes les unités importantes ont intérêt à y prendre part.

C'est évidemment une conception très différente qui a inspiré les chefs. Chose singulière, leurs ordres détaillés et s'adressant directement aux divisions ont eu pour effet de laisser hors de l'action une quantité importante de troupes. Je pense au général qui se bornerait à indiquer une direction en six lignes à ses chefs de corps d'armée et qui ajouterait cette recommandation : « Ne manquez pas de distribuer les tâches à vos subordonnés, de telle sorte qu'aucune unité n'en soit exclue et que chacune y trouve l'occasion d'appliquer les règles de la manœuvre. »

× ×

Généralement les opérations dans le détail ont été intéressantes. Les troupes, dès que les faits se dessinaient, y prenaient intérêt. Les échelonnements qui ont manqué aux degrés supérieurs entraient visiblement dans le souci des petites unités. Ainsi, la retraite de l'armée B a été, dans le détail, bien conduite. Les sections combattaient en se repliant, et les colonnes de marche se formaient en arrière avec ordre et intelligence.

Les officiers ont une certaine initiative,

mais surtout dans la petite manœuvre. Ils paraissent gênés quand il s'agit de se modifier pour suivre les incidents imprévus. Ainsi, à plusieurs reprises, j'ai constaté les hésitations, les embarras même des officiers d'artillerie, quand un changement de position était indiqué par le mouvement de l'infanterie.

Le combat se rapprochait, la vivacité de la marche en avant s'accentuait. Comment des pièces qui avaient pour objectif une préparation à distance moyenne pouvaient-elles rester immobiles?

On sent là un défaut de pratique. Ces artilleurs ont travaillé sur les polygones. L'art de se lier à l'infanterie ne s'y acquiert pas. Les exercices oratoires sont excellents. Mais à quoi aurait-il servi à Démosthène de parler devant le flot mugissant et la bouche remplie de petits cailloux ronds, s'il n'avait pas un jour affronté l'assemblée du Pnyx ?

L'initiative, si hautement recommandée à tous les gradés, ne s'acquiert ni à la caserne, ni sur les places de garnison. Pour qu'elle devienne l'habitude de l'esprit, il faut qu'elle se développe par l'éducation et aux manœuvres dans les champs.

L'infanterie comprend bien l'importance des cheminements. Elle pense à s'éparpiller ; mais elle y met encore trop de réflexion. Je ne lui adresse pas là une critique sévère. L'instinct de la conservation se chargera, aux premiers jours de la guerre, de corriger l'erreur des présentations agglomerées et à découvert. Les témoins de la guerre russo-japonaise sont à cet égard unanimes. Mais cette expérience, que font les troupes fraîches, de l'efficacité des tirs est terriblement meurtrière. Elle serait réduite au minimum si l'infanterie était bien entraînée à travailler sur le terrain. J'y reviendrai au cours du chapitre suivant. Ici, je veux seulement ajouter cette remarque : le soldat français est très intelligent, très intuitif. Certaine leçon de choses profiterait à son instruction technique : c'est la démonstration du mécanisme du canon à tir rapide. Il l'aperçoit vaguement aux manœuvres. Ne vaudrait-il pas mieux lui en faire une démonstration élémentaire et ainsi lui découvrir la raison des enseignements qu'il reçoit ?

A cet égard, on ne saurait trop blâmer l'obstination des officiers montés qui restent à cheval sous le feu. Ils étaient..... trop. Comment ne pas voir dans cette attitude une indifférence dédaigneuse aux exercices qu'ils commandent ?

Au cours de l'engagement qui, le 15, se développe devant Vicq-sur-Nahon, nous avons le spectacle d'une infanterie combattant en alignement rigoureux.

En résumé, voici des faits vus et relatés sans aucun parti pris.

Sous leur apparente diversité, ils s'accordent à nous diriger vers la même conclusion.

Qu'ils se réfèrent aux commandements supérieurs, aux actes des subordonnés; qu'ils émanent de l'ensemble des bonnes volontés, des qualités et des défauts de l'armée entière, il faut entendre leur leçon.

Il n'est qu'un guide, dans l'activité militaire comme en toute œuvre moderne, qui ait la valeur démonstrative, coordinatrice et progressive, c'est la méthode expérimentale.

Elle seule procure la sécurité et le sang-froid. Elle seule résiste aux assauts que l'intérêt, l'ignorance ou le scepticisme s'acharnent à diriger contre le bon sens et la vérité.

L'image du combat offerte par les grandes manœuvres n'a de prix que si elle s'anime et s'éclaire de l'esprit expérimental.

Nous tirerons de cette certitude une conclusion positive.

V

L'ÉDUCATION TACTIQUE EN FRANCE ET EN ALLEMAGNE

Il n'était pas nécessaire d'avoir l'œil très exercé pour reconnaître sur le champ de bataille les troupes familiarisées avec les opérations du combat.

Le sentiment commun à tous les observateurs impartiaux était que c'était une grande faute de ne point fonder l'instruction militaire sur l'éducation des camps d'instruction et l'expérience de la manœuvre.

J'ai eu la curiosité d'établir une comparaison entre la préparation tactique de l'armée allemande et celle de l'armée française. Elle est édifiante.

EN ALLEMAGNE

Outre les manœuvres de garnison qui ont lieu toute l'année, en y faisant concourir des troupes voisines et même en appelant parfois d'assez loin de la cavalerie et de l'artillerie auprès des places qui n'en ont pas dans leur voisinage, les manœuvres ont la durée suivante :

1° Dans les camps d'instruction, ou, pour les corps d'armée qui n'en possèdent pas encore, dans les champs de manœuvres agrandis en utilisant les alentours, ou même sur des terrains loués à cet effet :

a) Les manœuvres de régiment et de brigade d'infanterie ont une durée de dix jours dont cinq ou six consacrés aux manœuvres de régiment;

b) La durée est de dix jours pour les régiments et six jours pour les brigades de cavalerie;

c) Elle est de cinq jours pour les régiments et trois jours pour les brigades d'artillerie.

2° Quant aux manœuvres d'automne leur durée est de dix jours répartis en principe de la façon suivante : trois jours de manœuvre de brigade, trois ou quatre jours de manœuvre de division, quatre ou trois jours de manœuvre de corps d'armée.

Tous les escadrons de cavalerie et toutes les batteries de campagne, sans exception, prennent part à ces dix jours de manœuvre.

Dans cette durée ne sont compris ni le temps d'aller et de retour, ni les dimanches, ni les jours de repos, à raison d'un jour par semaine.

Il en résulte que les troupes ont réellement et effectivement dix journées de combat.

Ces conditions, arrêtées depuis de nombreuses années presque dans leur intégralité, ne sont pas subordonnées à la discussion des crédits budgétaires. Ce sont, au contraire, les bases indiscutées des crédits portés au budget.

EN FRANCE

La durée des diverses manœuvres dépend, chaque année, des crédits budgétaires.

Une grande partie des camps d'instruction nécessaires restent à créer (1). Un nombre réduit de brigades et de divisions d'infanterie peuvent seules exécuter, dans les camps, des manœuvres dont la durée effective ne dépasse pas cinq jours, le plus souvent.

Quant aux manœuvres d'automne, un petit nombre de corps d'armée seuls exécutent des manœuvres supérieures à celles de division : ce sont, en général, ceux qui participent aux manœuvres d'armée.

En 1908 :

a) Onze divisions ont exécuté des manœu-

(1) Ceux qui existent sont encore à aménager. Les baraquements, qui seuls assurent aux troupes une habitation saine, ne sont pas construits ; les terrains ne sont pas battus et les exercices qui ont lieu en automne et au printemps se font dans la boue.

vres de division d'une durée de treize jours, aller et retour compris ;

b) Vingt divisions n'ont exécuté que des manœuvres de brigade d'une durée de douze jours, aller et retour compris ;

c) Huit divisions ont pris part aux manœuvres d'armée ;

d) Une division, gardant Paris, n'a pas manœuvré.

Le nombre des journées de manœuvres effectives n'est, en fait, que de cinq à six pour les divisions exécutant des manœuvres de division ou de brigade. Il a été de huit pour les divisions prenant part aux manœuvres d'armée.

L'ARTILLERIE

Tandis qu'en Allemagne toutes les batteries de campagne, sans exception, prennent part aux manœuvres et que tous les officiers d'artillerie, appelés à exercer un commandement en campagne, exercent effectivement ce commandement pendant dix jours, il n'y a chaque année en France qu'une partie des batteries de campagne (la moitié environ) et une très faible partie des officiers d'artillerie, qui participent aux manœuvres.

Cette année, sur les 482 batteries de campagne (montées ou à cheval), stationnées en France, on peut calculer que 282 au plus ont pris part aux manœuvres (y compris les manœuvres spéciales de cavalerie) et que, sur les 320 officiers supérieurs, colonels, lieutenants-colonels ou chefs d'escadron (majors inclus) des régiments de campagne, 122 environ ont seulement exercé un commandement de leur grade.

Si l'on remarque en outre que l'artillerie compte au total 631 officiers supérieurs qui tous, au moment d'une mobilisation, peuvent être appelés à exercer un commandement dans l'artillerie de campagne, on peut avoir des craintes sérieuses pour leur instruction pratique et sur les résultats qu'on peut en attendre à la guerre, puisque 122 seulement d'entre eux participent à l'instruction capitale des manœuvres.

N'en doit-on pas conclure à la nécessité absolue :

1° De prendre des mesures pour que, chaque année, toutes les batteries participent aux manœuvres ;

2° De séparer autant que possible les officiers de campagne de ceux qui sont employés dans l'artillerie à pied et les services techniques ?

D'autre part, avec les errements actuels, jamais une brigade, une division, un corps d'armée ou même une armée n'a manœuvré avec un nombre de batteries correspondant au nombre de ses bataillons. Que peut être dans ces conditions l'instruction du commandement ?

Que les travaux séparés accomplis par les

divers organes de l'armée soient insuffisants, c'est un fait certain et qu'on doit déplorer. Mais que dire du quiétisme des grands chefs qui ne font pas tout au monde afin de conférer au commandement la qualité suprême, celle qui ne s'acquiert que par le maniement du jeu complet et équilibré des forces?

VI

CONCLUSIONS

La conclusion de ces études générales — un peu schématiques et plutôt philosophiques — ne sera nullement décourageante. Les hommes du métier sont nécessairement enclins à regarder le détail et à suivre les manœuvres en spécialistes. Les erreurs et les faiblesses qui les ont choqués laissent leur esprit imprégné, suivant la partie de la manœuvre à laquelle il a attaché son observation, ou d'un certain optimisme ou d'un certain pessimisme. Mais celui qui a voulu assembler sans cesse les faits particuliers, coordonner les incidences et totaliser les résultats, ne saurait méconnaître la valeur moyenne de notre armée.

Elle conserve ses qualités fondamentales. Le grief qu'on doit persister à lui faire est qu'elle ne s'est pas corrigée de ses défauts.

Elle brille par la belle hérédité française : vive intelligence, promptitude d'enthousiasme, mélange original de bravoure et d'endurance, de foi profonde et de scepticisme superficiel, on retrouve en elle tout cela.

Mais elle manque d'instruction, de formation expérimentale.

On distingue nettement dans la masse les troupes exercées. C'est une minorité presque infime.

Sur place, à la fin des opérations, une seule pensée occupait les esprits impartiaux : l'effort militaire de la nation sera vain si toutes les unités, tous les chefs ne collaborent pas à la fois dans les camps d'instruction et aux manœuvres. C'est à dessein que je dis « à la fois dans les camps d'instruction et aux manœuvres ».

Le travail des camps d'instruction ne peut

suppléer l'épreuve des manœuvres. Ce sont deux choses fort distinctes. Il y a entre elles à peu près la même différence qu'entre l'école et l'atelier. Et voilà bien l'erreur où tombent certains officiers. Le camp d'instruction est à leurs yeux un champ de manœuvres. L'école dans la vie militaire est représentée par la caserne de garnison. Je ne sais au juste comment, dans l'avenir, on devra définir la caserne; mais il est certain que les nations militarisées seront toutes obligées de faire du camp d'instruction la base de l'éducation et de l'instruction des troupes. C'est là que s'accomplit le travail utile pour les chefs et pour les hommes. L'espace étriqué de la caserne déforme le sens des règlements. Les ombres y donnent le même relief à toutes les tâches. Les plus subalternes prennent la même importance que les plus essentielles.

Au camp, la vie change. L'œuvre vraiment militaire se dépouille des consignes, des parades et des corvées. Le citoyen soldat y acquiert le sens de son rôle. Il comprend la discipline et le travail. Il appartient bien à ses chefs. En un mot, le dressage ne peut se faire que là.

Les grandes manœuvres sont l'aboutissement de la préparation. Elles devraient l'être du moins. Elles le seront quand on voudra bien les affranchir des contraintes conventionnelles et de l'apparat hostile au vrai travail.

Qu'on y voie une épreuve d'application sérieuse, presque redoutable! Qu'on les fasse suivre de sanctions très fermes! On leur donnera un tout autre aspect. Elles deviendront pour les chefs un champ d'observation inégalable.

On ne reverra plus des officiers qui, au cours d'une carrière déjà longue, n'ont jamais mis les pieds aux manœuvres et y débutent dans les hauts grades.

On s'appliquera au contraire à tenir compte aux gradés de leur habileté et de leur tenue aux manœuvres.

On prendra souci d'y amener toute l'artillerie. Grave affaire! Extrêmement grave! L'artillerie ne trouve qu'aux manœuvres l'occasion de lier sa tactique à celle de l'infanterie. Elle n'y est aujourd'hui qu'en figurante. Je ne prétends pas qu'il soit nécessaire d'y amener tout le matériel de combat. Mais le personnel entier devrait s'y trouver. Or la moitié, ou guère plus, ou à peine, des batteries des quatre corps impliqués cette année y est venue.

Cette situation met notre artillerie dans un état d'infériorité autrement sensible que l'insuffisance du nombre de nos pièces.

L'artillerie tend à se constituer en un corps autonome et privilégié qui, si l'on n'y prend garde, mettra notre organisation militaire en péril. Elle ne doit pas intervertir les deux formes de sa fonction. Que nos savants officiers ne l'oublient pas, leur fonction principale n'est pas dans le petit état-major, mais dans le commandement des troupes.

Ils apportent dans l'armée l'esprit d'école, qui est aujourd'hui en opposition flagrante avec la règle moderne du travail, je veux dire la règle de la spécialisation. Loin de moi l'idée de livrer à la farouche et exclusive routine un corps aussi instruit et aussi spéculatif. Le séjour aux écoles, aux ateliers et aux laboratoires est un moyen précieux de l'arracher à la déprimante monotonie de l'armée en temps de paix. Mais il ne faut rien exagérer, et les officiers d'artillerie ne doivent pas transporter leur métier en marge de l'armée.

Les Allemands ne commettraient pas de telles erreurs.

Nous avons pris l'habitude de régler sur eux nos formations et nos efforts en tous sens. Autant que nous le permet le chiffre de population, nous luttons avec eux par le nombre. Combien il nous serait facile de les égaler, si nous nous assimilions leurs méthodes ! Le nombre n'est pas le maître suprême de l'heure. On peut lui faire tête, mais seulement par une utilisation plus scrupuleuse et mieux réglée des forces. Or, c'est en cela que nous sommes réellement inférieurs aux Allemands. En leur préparation et leur répartition des tâches, ils nous laissent loin derrière eux. C'est justement par là que nous serions capables de les devancer. Leurs armées innombrables seraient toujours menaçantes. Mais une rigoureuse méthode appliquée à l'exploitation de notre valeur ferait sûrement obstacle à ce peuple débordant.

Il ne tient qu'à nous de mériter la véritable supériorité. Les succès de quelques-unes de nos industries témoignent que nous pouvons vaincre quand nous savons accepter les règles de la discipline et les lois de l'équilibre.

Devenir des hommes modernes et rester Français, est-ce un problème si difficile? Je ne le crois pas.

Le monde a éprouvé parfois la surprise de

nous apercevoir à l'avant-garde, alors qu'il nous croyait traînant à la queue des colonnes.

Plus de fermeté et de jeunesse à la tête et le grand bon vouloir de tous suffiraient aujourd'hui à nous rendre notre place sur la première ligne. Notre intelligence ferait le reste.

ANNEXE N° I

THÈME DES GRANDES MANŒUVRES DU CENTRE

1re *période.*

SITUATION INITIALE DES DEUX ARMÉES

Quartier général de la direction

12 septembre (midi), 13, 14, 15 septembre : Valençay.

16-17 septembre : Montrésor.

18 septembre : Loches.

Armée A (parti rouge).

Situation générale.

La situation générale, à son début, présente quelque analogie avec celle du mois de novembre 1870.

Une armée rouge (1), après s'être concentrée

(1) Forte de 3 corps d'armée.

dans la région de Château-Renault, s'est portée vers le nord-est contre des forces ennemies (bleues) couvrant le siège de Paris.

Dans le même temps, une deuxième armée rouge, dite armée A (1), se rassemblait entre Bourges et Nevers, avec mission de déboucher opportunément, par Orléans (2), au nord de la Loire.

En raison de retards imprévus subis par l'armée A, l'armée rouge principale a dû livrer, seule, à hauteur de Coulmiers, une bataille qui, sans être décisive, a tourné à son désavantage : elle s'est alors mise en retraite vers Le Mans où s'organisent de nouvelles levées provenant de l'ouest de la France.

Le commandant en chef des forces rouges, au Mans, a prescrit à l'armée A de marcher vers Tours sans plus tarder, de franchir la Loire en ce point, ou plus à l'ouest, suivant le cas, et de se joindre à lui en vue de participer soit à une bataille à livrer sur une position organisée à l'est et au sud-est du Mans, soit à la reprise de l'offensive.

(1) 8e et 9e corps, 6e et 7e divisions de cavalerie.
(2) Cette ville étant occupée par une forte division bleue.

Si le commandant de l'armée A rencontre sur son chemin des forces bleues, il les bousculera.

Situation particulière.

Le 12 septembre au soir, l'armée A est ainsi disposée :

Quartier général : Charost ;

8e et 9e corps : zone Lury, Maurepas, Bois-Saint-Denis, Prenay, Sainte-Lizaigne, Forge de Boissy, Charost, Grand-Entrevin, Villeneuve-sur-Cher, Sainte-Thorette, Quincy ;

Les 6e et 7e divisions de cavalerie ont leur centre à Vatan ; les brigades de cavalerie de corps n'ont pas dépassé la ligne Mennetou-sur-Cher, Graçay, Ménétréol-sous-Vatan, Saint-Valentin, Neuvy-Pailloux.

Aux dernières nouvelles, les armées principales, évaluées à 4 ou 5 corps d'armée, au total, avaient arrêté leur poursuite à hauteur de Saint-Calais et détaché vers le sud deux de leurs corps environ, dont les gros paraissaient arrivés dans la journée du 12 septembre sur le Cher, qui coule de Montrichard à Bléré. On signale, en outre, la présence de troupes adverses de toutes armes, venues d'Orléans, dans les villages qui bordent la forêt de Bussy, à 10 kilomètres au sud de Blois.

Armée A (parti bleu).

Situation générale.

A la suite d'une bataille livrée, face à l'Ouest, à hauteur de Coulmiers, deux armées bleues (1), placées en couverture du siège de Paris, ont contraint à la retraite et poursuivi sur Le Mans une armée rouge qui, après s'être concentrée dans la région de Château-Renault, s'était avancée vers la région au nord d'Orléans.

Une division bleue, renforcée, a été maintenue en cette dernière ville pour s'opposer à l'intervention possible d'une autre armée rouge signalée comme étant en voie de rassemblement entre Nevers et Bourges.

Au cours de la poursuite, le commandant en chef des forces bleues a reçu, à Vendôme, des renseignements certains lui indiquant que le groupe rouge de Nevers-Bourges, fort de 2 corps d'armée et d'une nombreuse cavalerie, se dirige sur Tours. Il a décidé d'arrêter la poursuite à hauteur de Saint-Calais, après avoir détaché vers le sud son armée B (2) qui marchera à la rencon-

(1) L'une de 3 et l'autre de 2 corps d'armée.

(2) Général Millet, 4e et 5e corps d'armée. Division coloniale détachée, pour la circonstance, de la garnison d'Orléans.

tre de l'armée adverse de Nevers et la mettra hors de cause.

Situation particulière.

Le 12 septembre au soir, l'armée B est disposée de la manière suivante :

Le quartier général est à Montrichard.

Les 4e et 5e corps, qui ont franchi la Loire aux ponts de Chaumont et d'Amboise, sont stationnés dans la zone Pontlevoy, La Croix, Bléré, Sublaines, Homme, Luzillé, Puits-Rouge, Aiguevive, Pouillé, Thézée, Monthou-sur-Cher, Thenay, ces localités incluses.

La cavalerie (gros) n'a pas dépassé la ligne Saint-Aignan, Montrésor, Loches.

La division coloniale (venant d'Orléans par hypothèse) a passé la Loire, dans la journée, à Blois, et s'est cantonnée dans les villages immédiatement au sud de la forêt de Bussy et dont Chitenay marque le centre.

Aux dernières nouvelles, l'armée adverse semble avoir atteint par ses avant-postes la ligne Issoudun, Vierzon, couverte par une force considérable de cavalerie stationnée à Vatan et ses environs.

ANNEXE N° II

ORDRES GÉNÉRAUX DES COMMANDANTS D'ARMÉE

pendant la 1re période.

JOURNÉE DU 13 SEPTEMBRE

Armée A. Charost, 12 septembre, midi.

ÉTAT-MAJOR

Ordre général d'opérations n° 1.

Première partie.

I. Pour la situation générale, les renseignements sur l'ennemi et la mission de l'armée A, voir le thème du parti rouge.

II. Demain, l'armée entamera son mouvement vers l'ouest en ouvrant sur son front un large éventail, en se couvrant fortement du côté du Cher, et en s'éclairant au nord de cette rivière.

III. Les 6e et 7e divisions de cavalerie, réunies en corps de cavalerie, se porteront à l'ouest de la forêt de Gâtine, avec un détachement à Selles-sur-Cher.

Elles ont pour mission de reconnaître les colonnes ennemies et de retarder leur mouvement. Des ordres particuliers leur sont adressés, ainsi qu'aux reconnaissances d'officiers.

IV. Les brigades de cavalerie de corps gagneront le Nahon et la route Valençay, Selles-sur-Cher.

La 8e brigade de cavalerie fouillera la forêt de Gâtine, son gros vers Valençay.

La 9e brigade, éclairant dans la région d'Ecueillé, aura son gros vers Baudres.

V. Des détachements, partant à cinq heures du matin, seront poussés en avant pour servir de replis à la cavalerie, et couvrir les mouvements des corps d'armée :

8e corps : 1 détachement des trois armes (de Massay) à Saint-Christophe.

9e corps : 1 bataillon (de Paudy) à Buxeuil ; 1 bataillon à Rouvres-les-Bois.

VI. Les corps d'armée se mettront en marche de manière à atteindre les lignes :

Avec leurs avant-gardes :

a) 8e corps : Bagneux, forêt de la Vernusse, Mineaux ;

b) 9e corps : Aize, ruisseau du Renon, Bouges.

Avec la tête des gros :

a) 8e corps : Prinçay, Orville, forêt de Vatan ;

b) 9e corps : bois de l'Orme et de Guilly, Liniez.

Avec les queues de la colonne :

a) 8e corps : Genouilly, Nohant-en-Graçay, Luçay-le-Libre ;

b) 9e corps : Giroux, Ménétréol-sous-Vatan.

VII. Ils utiliseront à cet effet :

a) 8e corps : route incluse Reuilly, L'Ormeteau, Le Creuset, Luçay-le-Libre, Meunet-sur-Vatan, Reboursin et les routes au nord ;

b) 9e corps : les routes au sud de la route précédente, exclue.

Les avant-gardes franchiront la voie ferrée d'Issoudun à Reuilly et la route de Reuilly à Issoudun, à cinq heures du matin, les têtes des gros à six heures.

Les T. R. marcheront réunis à la queue des colonnes.

VIII. Le général commandant l'armée A sera, à

partir de sept heures du matin, à Vatan, où les renseignements lui seront adressés.

Le quartier général de l'armée fonctionnera à Vatan, à dix heures du matin. Il marchera avec la compagnie télégraphique derrière l'avant-garde de la colonne du 9e corps, dirigée sur Vatan.

Deuxième partie.

IX. Grand parc. — L'échelon sur route se portera de Mehun-sur-Yèvre à Lury; il ne franchira le Cher qu'après les parcs du 8e corps.

X. Ravitaillement quotidien du 13 septembre. — Gare de ravitaillement.

6e division de cavalerie : Graçay, à partir de six heures du matin.

7e division de cavalerie : Vatan, à partir de six heures du matin.

Le ravitaillement devra être terminé à huit heures au plus tard.

Points de rendez-vous (convois automobiles) :

8e corps : Massay, à partir de onze heures du matin.

9e corps : Paudy, à partir de midi.

Le convoi automobile destiné au 9e corps ne devra pas dépasser la ligne Massay-Lury avant dix heures et demie.

Général TRÉMEAU.

Armée B — ÉTAT-MAJOR

Montrichard, 12 septembre.

Ordre général d'opérations n° 1.

Nota. — D'après les renseignements parvenus (instructions et journaux), l'armée ennemie est à 80 kilomètres environ dans les directions d'Issoudun et de Vierzon et sa cavalerie est trois fois plus nombreuse que la nôtre (13 régiments contre 4). Les cavaleries peuvent donc se rencontrer dans vingt-quatre heures, et les armées être aux prises en trente-six heures.

En conséquence :

1° Les 4e et 5e brigades de cavalerie seront sous les ordres directs du général Millet. Elles n'exécuteront pas le service d'exploration, assureront seulement le service de sûreté, refuseront en principe tout combat à l'arme blanche, mais manœuvreront le plus fréquemment possible pour amener les escadrons adverses sous les feux de l'infanterie et de l'artillerie prévenues à l'avance.

2° Les ordres d'armée préciseront les mouvements des divisions dans les corps d'armée afin d'obtenir de tous les éléments l'accord le plus complet, rendu indispensable par le manque d'exploration, la proximité de l'ennemi et la nécessité de se dissimuler à la cavalerie adverse.

3° Chaque jour dans la matinée, et au plus tard à midi, les généraux commandant les divisions et les brigades de cavalerie adresseront au général Millet un compte rendu sommaire de leurs opérations et des modifications apportées par l'arbitrage aux cantonnements assignés la veille. Le double sera adressé aux commandants de corps. Envoyer un compte rendu néant s'il y a lieu.

4° Le 13 et le 14 septembre, les hostilités commenceront à sept heures du soir et se termineront à midi.

5° Les décisions des arbitres sont exécutoires.

1° *Mouvement.*

a) L'armée se mettra en marche demain 13 septembre, à cinq heures matin.

Le général Millet et son état-major, les services du Q. G. d'armée, à midi, à Nouans.

2° *Reconnaissances d'armée.*

b) Renseignements télégraphiques ou directs :

N° 1 de Buzançais sur Châteauroux.

N° 2 d'Argy sur Levroux et Brion.

N° 3 de Luçay-le-Mâle sur Graçay.

N° 4 Selle-sur-Cher (poste fixe).

N° 5 Saint-Aignan (poste fixe).

N° 6 de Mur-de-Sologne par Mennetou-sur-Graçay.

3° *Service de sûreté.*

c) 4e brigade de cavalerie. 1 bataillon infanterie, 3 compagnies cyclistes, 2 batteries à cheval et 1 compagnie du génie, par la route de Montrésor à Ecueillé. 2 escadrons de Loches à Préaux.

Secteur de surveillance : Ecueillé, Préaux, Heugnes, La Gourdinerie (cote 189), l'Allemandière.

Quartier général à Ecueillé.

A huit heures soir, l'Allemandière et la Gourdinerie (cote 189) seront occupées par des détachements des trois armes. Les débouchés sud-est du bois de *Champ-d'Oiseau* seront tenus par des postes d'infanterie et de cavalerie; la lisière sera mise en état de défense.

d) 5e brigade de cavalerie (laissant à Saint-Aignan 1 escadron aux ordres du général Carbillet), 1 bataillon, 1 batterie, 1 compagnie cycliste et 1 compagnie du génie : route de Saint-Aignan, Châteauvieux, Faverolles, Luçay-le-Mâle.

Quartier général à Luçay-le-Mâle.

Secteur de surveillance : Luçay-le-Mâle ; l'Allemandière, Vicq-sur-Nahon, Valençay, Selles sur-Cher.

e) Détachement du général Carbillet : 2 bataillons, 1 batterie à 6 pièces, 1 escadron de Pouillé par Saint-Aignan et Couffy sur Villantrois, 2 compagnies laissées à Couffy.

4e *Armée.*

f) 4e corps :

Service de sûreté, par Sublaines, Chédigny, forêt de Loches, Loché-sur-Indrois :

Cantonnement-bivouac à Villedomain.

8e division et artillerie de corps, par Sublaines, Saint-Quentin :

Cantonnement-bivouac : Chemillé, Montrésor.

7e division par Luzillé, Le Liège, Beaumont, Montrésor :

Cantonnement-bivouac : Villeloin, Loché-sur-Indrois.

Quartier général 4e corps d'armée à Villeloin.

g) 5e corps :

9e division et artillerie de corps par Montrichard, Céré, Orbigny.

Cantonnement-bivouac : Nouans.

10e division par Thésée, Saint-Aignan, Châteauvieux :

Cantonnement-bivouac : Faverolles.

Quartier général 5e corps d'armée à Nouans.

h) Division coloniale :

Service de sûreté par Contres, Chémery, Saint-Aignan.

Division par Chitenay, Contres, Saint-Aignan.

Quartier général à Saint-Aignan.

Demain 14 septembre (quatorze), un détachement sera laissé à la garde de Saint-Aignan.

5° *Front de l'armée après l'exécution du mouvement.*

i) Service de sûreté : Préaux, Ecueillé, l'Allemandière, Luçay-le-Mâle, Villantrois, Couffy.

k) Front des corps d'armée et des divisions : Loché-sur-Indrois, Nouans, Faverolles, Saint-Aignan.

6° *Avant-postes.*

l) A sept heures du soir, avant-postes pris par chaque corps d'armée et divisions et reliés entre eux.

Cantonnements bouclés.

Mot : *Pelissier-Paris.*

Général MILLET.

JOURNÉE DU 14 SEPTEMBRE

Armée A

ÉTAT-MAJOR

Vatan, 13 septembre, 5 h. soir.

Ordre général d'opérations n° 2.

Première partie.

I. D'après les renseignements parvenus jusqu'à trois heures de l'après-midi, l'ennemi aurait atteint la ligne du Modon, de Lye à Luçay-le-Mâle. De la cavalerie est signalée vers Ecueillé. Le gros des forces ennemies paraît être vers Faverolles-Luçay-le-Mâle-Nouans. Des troupes de toutes armes ont franchi le Cher à Saint-Aignan.

Demain l'armée A continuera son mouvement vers l'ouest.

II. Le corps de cavalerie qui n'a pu franchir le Modon et qui s'est porté sur le Nahon, au sud de Valençay, continuera à explorer dans la région d'Ecueillé, recherchant, à l'ouest du Modon, le gros des forces adverses. Il se repliera, le cas échant, à la gauche (sud) de l'armée.

III. Les brigades de cavalerie de corps maintiendront le contact au delà du Nahon, la 8e brigade, avec le 2e dragons qui passera, sous les ordres du général commandant la brigade, entre la forêt de Gâtine et le Cher, à la droite de l'armée, la 9e brigade au sud de la forêt de Gâtine.

IV. *a*) Le 8e corps poussera une division sur Valençay-la forêt de Gâtine, dont elle fera tenir le débouché nord sur Fontguenant et Selles ; l'autre division et l'artillerie de corps seront portées en réserve générale au sud de Valençay, tenant tous les passages du Nahon entre Veuil (exclu) et Valençay (inclus). *b*) Le 9e corps enverra une division et l'A. C. sur Vicq et Veuil, l'avant-garde vers Luçay-le-Mâle. La seconde division se portera sur Entraygues en échelon, en arrière à gauche, et s'y établira jusqu'à nouvel ordre. *c*) Les têtes des brigades d'avant-garde franchiront la ligne du Renon à cinq heures, la tête des gros à six heures et demie.

Les avant-gardes attaqueront vigoureusement l'ennemi dès qu'elles le rencontreront, pour le reconnaître sur le plus grand front possible. *d*) Pour l'exécution du mouvement, le 8e corps disposera de la route Mineaux-Buxeuil-Valençay et des routes au nord ; le 9e corps, des routes au sud. *e*) Le général commandant l'armée partira de Vatan à cinq heures et demie du matin et se portera sur la route de Valençay. Un escadron de la 8e brigac de cavalerie sera à sa disposition à six heure f) Les détachements de Buxeuil et de Saint-Chri tophe ont reçu directement des ordres pour s porter sur Valençay et sur Parpeçay, en vue c tenir les passages du Nahon.

Deuxième partie.

V. Grand parc. — L'échelon sur route se portei de Lury sur Graçay, par Saint-Pierre-de-Jards Nohant.

VI. Ravitaillement quotidien du 14 septen bre. — Points de rendez-vous : 8e corps, Graçay, partir de neuf heures du matin; 9e corps, Vatan, partir de dix heures du matin.

Les convois automobiles ne devront pas dépa ser la ligne Dampierre-en-Graçay-Massay-Reuil avant huit heures du matin.

Gares de ravitaillement :

8e corps : bétail, Mennetou-sur-Cher, à partir (huit heures du matin.

9e corps : foin pressé, Vatan, à partir de hu heures du matin; bétail, Issoudun, à partir (10 heures du matin.

Général Trémeau.

Armée B Nouans, 13 septembre.

—

ÉTAT-MAJOR **Ordre général d'opérations n° 2.**

Instructions.

L'armée ennemie semble répartie en deux groupes, dont l'un marcherait sur Luçay-le-Mâle, l'autre sur Ecueillé. C'est seulement par des reconnaissances offensives que la situation peut être éclaircie. En conséquence, les mouvements ci-après sont ordonnés, et, si les localités, qui doivent être atteintes à six heures et demie, étaient occupées par l'ennemi, celui-ci en serait chassé dès que des forces suffisantes auraient été réunies.

Les ordres envoyés pendant le combat aux subordonnés seront de préférence écrits.

En cas de rencontre, à partir de six heures et demie du matin, les généraux commandant les 4e et 5e corps, le détachement Carbillet et les brigades de cavalerie enverront toutes les demi-heures, au général Millet, sur la route Ecueillé — cote 186 — l'Allemandière, un compte rendu de leur situation.

Etablir avec soin les liaisons entre les divisions voisines.

II. Reconnaissances d'armée. — Elles s'efforceront de gagner les derrières de l'armée ennemie et enverront au général Millet, à Ecueillé, soit directement, soit télégraphiquement, leurs renseignements sur leurs directions. S'il y a combat le 14, elles redoubleront d'activité, surtout dans la nuit du 14 au 15, et rejoindront le général Millet le matin du 15, à la cote 186.

III. Service de sûreté. — 4e brigade de cavalerie avec ses soutiens : même service que le 13 à midi ; elle prendra ses cantonnements à l'Ecoublère, éclairant le flanc droit du 4e corps. 5e brigade de cavalerie avec ses soutiens : même service que le 13 ; à midi elle reprendra ses cantonnements à Luçay avec ses soutiens.

IV. Armée. — Sauf pour la division coloniale, les troupes ne prendront qu'après dix heures et demie du matin leurs cantonnements dans les zones ci-après désignées comme devant être atteintes à six heures et demie : *a*) à six heures et demie matin, l'armée occupera les positions suivantes :

Général Millet et son état-major : Ecueillé, cote 186, l'Allemandière ; services de l'armée à Nouans.

b) 4e corps. — La 7e division, venue par Villeloin-Loché sur Ecueillé, laissera une brigade dans cette localité, l'autre à Mirebeau et tenant la lisière sud de Champ-d'Oiseau, aux débouchés des routes Ecueillé, cote 206, et Ecueillé-Heugnes. — La 8e division avec artillerie de corps, venue par la route Montrésor-Nouans-Ecueillé, laissera une brigade en cette localité, l'autre à la Ferrière-la Naudière-la Morlière et Claie, avec un fort détachement à 2 kilomètres est de la Gourdinerie.

Quartier général du 4e corps : Ecueillé.

c) 5e corps. — La 9e division avec artillerie de corps, venue par la route Nouans-les Callais, occupera les Gallais-Chaud-Buisson-la Bougletière, l'Allemandière-Oublaise, Terre-Neuve ; elle se liera par un bataillon établi à Touché-Château avec le détachement du 4e corps à la Gourdinerie. — La 10e division, Faverolles.

Quartier général du 5e corps : Chaud-Buisson.

d) Détachement Carbillet : Villantrois.

h) Division coloniale : Faverolles, après avoir laissé un détachement à Saint-Aignan.

V. Instruction pour le combat. — *k*) A six heures et demie, la 10e division se portera sur Luçay.

l) A sept heures, des reconnaissances offensives seront exécutées :

Par le 4e corps, vers le sud-est, sans dépasser ligne Préaux-Heugnes-Jeu-Maloches ;

Par le 5e corps, vers l'est, sans franchir la val du Nahon. Ce corps d'armée laissera, com: réserve d'armée, la 18e brigade entre l'Allem: dière et la Bouquetière et l'artillerie de corp: Terre-Neuve ;

Par le détachement Carbillet, sur Valençay.

La 4e brigade de cavalerie couvrira la droite 4e corps, et la 5e brigade la gauche du 5e corps liaison avec le détachement Carbillet.

m) A dix heures et demie, rupture de com et occupation effective des cantonnements ci-d sus indiqués. Le détachement Carbillet sera al complété par le reste de la 19e brigade, un grou d'artillerie divisionnaire, qui cantonneront Villantrois.

VI. *Situation.* — Le 14, à sept heures du so cavalerie, l'Ecoublère (4e), Luçay (5e); 4e cor Ecueillé, Champ-d'Oiseau, La Gourdiner: 5e corps, Chaud-Buisson (9e division), Favero: (10e division) ; brigade Carbillet, Villantrois ; vision coloniale, Nouans; détachement, Cou Saint-Aignan.

VII. *Avant-postes.* — Avant-postes de comba

sept heures du soir. Mot (du 14 septembre sept heures soir au 15 septembre midi) : Lannes-Lure.

Quartier général de l'armée à Ecueillé le 13, à deux heures soir.

Général MILLET.

JOURNÉE DU 15 SEPTEMBRE

Armée A Poulaines, 14 septembre, 5 h. soir.

—

ÉTAT-MAJOR **Ordre général d'opérations n° 3.**

Première partie.

I. L'engagement, ce matin, et les renseignements reçus jusqu'à trois heures ont confirmé la présence de gros ennemis sur le Modon, de Couffy à Luçay-le-Mâle et au sud, avec fortes réserves à Faverolles et à Ecueillé.

II. Fortement appuyée à la ligne du Nahon, au sud de Valençay, et couverte sur sa droite pour contenir les forces ennemies qui pourraient déboucher par la forêt de Gâtine, l'armée A, poursuivant demain son offensive, attaquera la lig du Modon.

III. *a*) Le 9e corps, après s'être solidement étal sur la rive gauche du Nahon, attaquera l'ennei sur la ligne du Modon, à Luçay-le-Mâle, et au su dans la direction d'Ecueillé.

b) La 9e brigade de cavalerie, les trois régimen de dragons du corps de cavalerie et l'artillerie la 7e division de cavalerie, sous le command ment du général commandant cette division, op reront en liaison avec la gauche du 9e corps, so les ordres du général commandant la 18e divisi d'infanterie.

c) Le 8e corps appuiera l'attaque du 9e corps s Luçay-le-Mâle, avec une brigade de la 16e divisi et l'artillerie de corps. L'autre brigade de cet division, avec l'artillerie divisionnaire, maintie dra l'ennemi sur le front ouest de la forêt de Gâtir

d) La 8e brigade de cavalerie, avec les détach ments de Selles-sur-Cher (2e dragons) et de Pa peçay, placés sous les ordres du général de b gade, opérera en liaison avec la droite de 16e division entre la forêt de Gâtine et le Cher.

e) La 15e division (réserve générale, à la disp sition du général commandant l'armée) sera pc tée d'abord sur Sarrois-des-Granges (route

Valençay à Levroux, à l'est de Vicq) ; elle sera rassemblée à sept heures et demie.

f) Les brigades de cuirassiers et l'artillerie de la 6e division de cavalerie, sous les ordres du général commandant cette division, seront rassemblées à sept heures et demie, à la disposition du général commandant l'armée, à la Mercerie (2 kilomètres ouest de Langé).

IV. Les avant-postes seront en place à six heures du *matin*. Le mouvement offensif sera repris de façon à franchir la ligne des avant-postes à six heures et demie.

V. Le général commandant l'armée A sera, à six heures et demie du matin, à Le Haut-Ray (1.500 mètres nord-est de Vicq). Les généraux commandants de corps d'armée, à l'ouest de Veuil (8e corps) et de Vicq (9e corps), se tiendront en relations constantes avec lui ; ils feront établir immédiatement les communications radiotélégraphiques nécessaires.

Deuxième partie.

VI. Les trains régimentaires rétrograderont sur la rive droite du Nahon, à l'est de la transversale Valençay-Levroux.

VII. *Grand parc.* — L'échelon sur route se portera de Graçay, par Orville, sur Poulaines, où i devra être rendu à huit heures.

VIII. Ravitaillement quotidien du 15 septembre — Points de rendez-vous :

8e corps : Saint-Florentin (800 mètres nord-oues de Vatan), à partir de neuf heures du matin;

9e corps : Villejeu (3 kilomètres ouest de Vatan) à partir de neuf heures matin.

Le foin pressé sera distribué à la gare de Valençay à partir de midi.

Général TRÉMEAU.

Armée B Ecueillé, 14 septembr

—

ÉTAT-MAJOR **Ordre général d'opérations n° 3.**

L'ennemi s'est présenté aujourd'hui au norc dans la forêt de Gâtine, dont il occupe la lisièr ouest, à l'est vers Veuil et Vicq, sur le Nahon, au sud à Jeu-Maloches. Les forces les plus considé rables paraissent être au nord.

En conséquence, la manœuvre de demain 15 septembre consistera à chercher à rejeter les force principales de l'adversaire vers le Cher.

Position de l'armée.

Les positions ci-après seront occupées demain 15 septembre, à six heures et demie du matin.

a) Brigade Carbillet et ses soutiens à Faverolles, se gardant vers le sud, l'est et le nord contre les entreprises de la cavalerie.

b) 5e brigade de cavalerie et ses soutiens de la Grande-Métairie à Maison Blanche, en liaison avec la brigade Carbillet et la division coloniale.

c) Division coloniale, de Bois-Perrault aux Gallais, en avant de la forêt de la Tonne, en liaison avec la brigade de cavalerie et la réserve d'armée.

d) 5e corps : 10e division à Luçay-le-Mâle, avec avant-postes vers Bourdillon et Malakoff ; 9e division, de Malakoff à la Pagoterie ; artillerie de corps à Luçay-le-Mâle.

e) 4e corps : 8e division, de la Pagoterie à la Bouquetière, sur la route Ecueillé-L'Allemandière-La Bouquetière.

f) Réserve d'armée : une brigade de la 7e division et l'artillerie de corps à Terre-Neuve, sur la route Ecueillé-Chaud-Buisson.

g) L'autre brigade de la 7e division, avec un groupe d'artillerie, tenant Ecueillé et reliée à la réserve d'armée par la 4e brigade de cavalerie, qui sera répartie sur les deux flancs de cette brigade.

h) Le général commandant l'armée sera à Luçay-le-Mâle.

Général MILLET.

ANNEXE N° III

INTERVENTION DU GÉNÉRAL DIRECTEU DES MANŒUVRES

2e période.

SITUATION NOUVELLE DES DEUX ARMÉES POUR LES JOURNÉES DU 17 ET DU 18 SEPTEMB

Le commandant en chef des armées rou au général commandant l'armée A.

Le Mans, 17 septembre, 1 heure du ma

L'organisation de nos armées du Mans se po suit régulièrement, et j'espère être en mesure passer à l'offensive le 21 du présent mois. Il vivement désirable qu'à cette date les têtes colonnes de l'armée A se présentent dans région de Château-la-Vallière pour agir à no droite sur le flanc sud de l'armée adverse, d la direction Neuvy-le-Roi-Vendôme.

Nos forces du Mans s'élèvent actuellement à quatre corps ainsi disposés :

Un corps en réserve au Mans ;

Trois corps en première ligne à l'est et au sud-est du Mans. Ces trois derniers corps ont des avant-postes à Thorigné, Boulloire, Grand-Lucé, Chavaignes, Château-du-Loir.

Le gros de notre cavalerie est à Château-la-Vallière.

L'ennemi qui nous fait face paraît avoir la majeure partie de ses forces (3 corps d'armée) entre Mondoubleau et Vendôme, avec des avant-gardes à Berfay, Saint-Calais, Besse et Monroire, sur le Loir. Sa cavalerie est à Neuvy-le-Roi ; un faible détachement de cette arme occupe Tours.

Dans le but d'aguerrir nos troupes, de donner des craintes à l'adversaire et de vous dégager ainsi autant qu'il est possible, je fais exécuter, depuis hier, des reconnaissances offensives sur tout le front.

L'ennemi se montre très circonspect et maintient une attitude strictement défensive.

Le commandant en chef des armées bleues au général commandant l'armée B.

Savigny-sur-Braye, 17 septembre, 3 heures matin.

L'armée rouge, battue à Coulmiers, est moins désorganisée qu'elle ne le paraissait être après la dernière bataille. Elle s'est arrêtée à l'est et au sud-est du Mans, tenant la ligne Thorigny-Boulloire-Grand-Lucé-Château-du-Loir, sa cavalerie vers Château-la-Vallière.

Fortement renforcée par des contingents venus de l'ouest de la France, elle paraît maintenant supérieure à notre armée de poursuite et manifeste, depuis hier 16, des intentions nettement offensives.

J'ai décidé de prévenir, s'il se peut, l'attaque de l'adversaire, et, pour ce faire, j'ai besoin du concours de l'armée B.

Au reçu du présent ordre, que vous ayez ou non battu l'armée ennemie qui vous est opposée vous vous mettrez en marche pour passer la Loire aux ponts de Chaumont et d'Amboise, puis vous diriger vers la région de Château-Renault où j'espère que vos têtes de colonne arriveront le 20 septembre.

Vous laisserez des arrière-gardes pour tenir les ponts de la Loire, y compris ceux de Tours.

Arrivé dans la région de Château-Renault, vous serez en mesure d'agir en liaison avec nous sur le flanc sud des armées principales ennemies du Mans, que ces armées aient ou non commencé à ce moment leur mouvement offensif.

Notre armée de poursuite est établie sur la Braye, à Mondoubleau et à Savigny-sur-Braye avec des avant-gardes à Berfay, Saint-Calais, Bessé et Montoire-sur-le-Loir; sa cavalerie est à Neuvy-le-Roi, avec un détachement à Tours.

Si je suis attaqué avant le 20 septembre, je résisterai sur la ligne des avant-gardes et m'efforcerai, en tout cas, de conserver la ligne de la Braye.

ANNEXE N° IV

ORDRES GÉNÉRAUX DES COMMANDANTS D'ARMÉE

pendant la 2e période.

JOURNÉE DU 17 SEPTEMBRE

Armée A — Les Garniers, 15 septembre, 11 h. matin.

ÉTAT-MAJOR — **Ordre général d'opérations n° 4.**

8e corps : La 15e division, relevant les troupes du 9e corps sur la ligne Petit-Bois (à 1 kilomètre est de Malakoff), les Garniers, la Rolandière, la Chasgnerie, la Thomaserie, s'établira solidement sur ce front. La 16e division, avec l'A. C., prendra pied à Luçay-le-Mâle et Fertay.

Le 8e corps tout entier continuera son attaque au nord de la ligne incluse la Bigotière - la Ferrière.

9e corps : Le 9e corps, partant du front la Mercerie-la Désémerie, actuellement occupé par la 18e division, se portera sur Ecueillé.

La 17e division, avec l'A. C., devra être à six heures et demie du matin entre Lange (rive gauche du Nahon) et Entraigues. Les C. A. disposeront de leurs brigades de cavalerie. Ils se constitueront chacun de fortes réserves.

Cavalerie : Les 6e et 7e divisions de cavalerie reconstituées seront rassemblées à la disposition du général commandant l'armée sur la rive gauche du Nahon, entre Lange et La Giboultière. Le 2e régiment de dragons et sa batterie à cheval rejoindront directement leur division au cours de la matinée.

Le dispositif (sauf en ce qui concerne la 17e division et l'A. C. du 9e corps) devra être en place le 17, à cinq heures et demie du matin.

Les hostilités reprendront à six heures du matin.

Le général commandant l'armée sera à six heures matin à La Giboultière (1 kilomètre nord-ouest de Lange).

Télégraphie : Un poste de télégraphie sera : à la Chevaudière (2 kilomètres ouest de Vicq), à la disposition du général commandant le 8e corps; à Lange, à la disposition du général commandant le 9e corps, pour se relier avec le commandant de l'armée à La Giboultière. Les postes de radiotélégraphie devront être installés dès l'arrivée sur le terrain.

Trains régimentaires. — Tous les trains régimentaires auront leur tête sur le Nahon, à huit heures du matin, prêts à traverser la rivière.

Grand parc. — Le grand parc, après ravitaillement, viendra à Valençay, où il devra se mettre en relations avec le parc du 8e corps.

Général TRÉMEAU.

Armée B Ecueillé, 16 septembre, midi.

ÉTAT-MAJOR

Ordre général d'opérations n° 4.

L'armée B, étant rappelée vers le nord-ouest, rompra le contact avec l'ennemi demain 17 septembre. Mais, afin d'assurer la liberté de ses mouvements, elle commencera par un mouvement de défense agressive et se retirera ensuite par échelons successifs.

A six heures du matin, l'armée occupera les positions suivantes :

4e corps : 4e brigade de cavalerie avec son artillerie et ses cyclistes, venue par route Préaux-

Ecueillé-l'Allemandière-La Chasgnie, en contact avec la 8e division.

8e division avec artillerie de corps, venue par route d'Ecueillé-l'Allemandière-Verrière.

La 4e brigade de cavalerie s'avancera à la Pagoterie; elle laissera 2 bataillons (avec le colonel) et une batterie à la défense immédiate d'Ecueillé.

La 7e division commencera de suite le mouvement en arrière par les routes Loché-sur-Indrois, Villeloin-Montrésor et prendra position entre ces deux dernières localités. Puis, à midi, elle ira cantonner à Saint-Quentin et Chedigny.

5e corps : La 5e brigade de cavalerie avec son artillerie et ses cyclistes, passant par Faverolles et les Beaux-Frères, surveillera la lisière ouest de la forêt de Gâtine pour assurer le mouvement de la division coloniale, qu'elle couvrira toujours dans sa marche sur Veuil.

La 9e division, passant par les Gallais, Chaud-Buisson, le Grand-Moulin, sera rassemblée tout entière, à six heures, au sud de Perlay.

La 10e division et artillerie de corps occupera fortement Luçay-le-Mâle et poussera ses avant-gardes jusqu'à Ormes et Boudillon.

La brigade Carbillet se joindra au gros de la 10e division, à Luçay.

La division coloniale, par la route Faverolles-La Garnerie-La Grenouillère, sera rendue à six heures à Roland.

Nota. — Toutes les voitures autres que celles des munitions seront laissées dans leur cantonnement.

Instructions pour le combat et la rupture de combat.

Il est rappelé que la rupture du combat se fait en continuant à combattre et non pas en se formant en colonne de route.

A six heures la 8e division marchera sur les Garniers; la 9e sur Malakoff. La 10e, tenant toujours fortement Luçay, occupera Bourdillon et Malakoff par ses avant-gardes, tandis que la division coloniale marchera sur Velles. Lorsque la ligne Les Garniers-Veuil sera occupée, elle ne sera pas dépassée; le combat sur place continuera.

Les ordres pour le commencement de la rupture seront alors donnés.

Cette rupture commencera par la 8e division qui, passant par Ecueillé et Nouans, ira cantonner à Montrésor, Chemillé et Beaumont.

La 9e division se retirera ensuite, en repassant par Nouans, pour cantonner à Orbigny et Cère.

La 10e division ne se retirera que lorsque la division coloniale occupera Luçay-le Mâle ; cette division ira cantonner à Nouans.

La division coloniale, après avoir occupé Luçay et donné le temps (environ une heure) à la 10e division de gagner la forêt de la Tonne, reprendra son cantonnement de Faverolles.

La 4e brigade de cavalerie ira cantonner à Villeloin et la 6e à Châteauvieux.

Emplacements des quartiers généraux : Le 17 septembre : armée B, Orbigny ; 4e corps, Chemillé ; 5e corps, Nouans ; division coloniale, Faverolles.

Mot, du 17 septembre (six heures matin) au 18 (midi) : *Patrie-Paris.*

Général MILLET.

JOURNÉE DU 18 SEPTEMBRE

Armée A — Ecueillé, 17 septembre, 5 h. soir.

ÉTAT-MAJOR

Ordre général d'opérations n° 5.

Première partie.

I. L'ennemi semble s'être retiré vers le nord-ouest, dans les directions de Montrichard et de

Bléré. Des forces importantes occupent encore Nouans.

II. L'armée A continuera demain à se porter vers Tours par la route Loché-sur-Indrois, forêt de Loches et celles de la vallée de l'Indre, en couvrant son mouvement avec le corps de cavalerie, une division et les éléments non endivisionnés du 8e corps.

III. La 6e division de cavalerie sera, à cinq heures et demie du matin, à Villeloin-Coulange, avec la mission de menacer la retraite des forces ennemies qui occupent Nouans. La 7e division de cavalerie sera, à la même heure, vers le bois de Villiers, face à Montrésor, couvrant le mouvement de l'armée.

IV. Dans le 8 corps. — *a*) La brigade de cavalerie fera reconnaitre et surveiller l'ennemi, dès le point du jour, à l'est de la route Ecueillé-Nouans-Orbigny.

b) La division de tête, avec la cavalerie, refoulera les avant-postes ennemis, de manière à pouvoir arrêter les forces adverses sur le front Les Bruyères-La Viennerie (2 kilomètres sud-sud-ouest de Nouans); elle franchira la ligne des avant-postes à quatre heures et demie du matin.

c) A la même heure, la tête de la division de queue devra atteindre Ecueillé; elle continuera son mouvement par Loché-sur-Indrois et la forêt de Loches.

V. Le 9e corps marchera par la vallée de l'Indre qu'il gagnera par Villedomain, Vitray, Ballon-Saint-Hippolyte et les chemins au sud. Le mouvement sera réglé de manière que la queue des colonnes ait franchi à sept heures et demie la ligne Loche-Villedomain Préaux.

VI. Le général commandant l'armée A sera, à cinq heures et demie du matin, à la ferme des Ebates.

Deuxième partie.

VII. Trains régimentaires. — Leurs mouvements seront réglés par les soins des généraux commandant les C. A. et les divisions de cavalerie, de manière que, dans aucun cas, ils ne puissent gêner la marche des colonnes.

VIII. Grand parc. — L'échelon sur route, partant à trois heures du matin, se rendra de Valençay, par Luçay-le-Mâle, sur Ecueillé ; il suivra le mouvement du 8e corps.

IX. Ravitaillement du 18 septembre. — Points de rendez-vous :

8e corps : Sur la route d'Ecueillé à Pellevoisin,

à hauteur du bois de Champ-Oiseau (3 km. 500 sud d'Ecueillé), à partir de neuf heures du matin.

9e corps : Sur la route de Villedomain à Châtillon-sur-Indre, à hauteur de la Lissonnière (bifurcation du chemin de Loché-sur-Indrois), à partir de neuf heures du matin.

Général TRÉMEAU.

Armée B Orbigny, le 17 septembre.

—

ÉTAT-MAJOR

Ordre général d'opérations n° 5.

L'armée B continuera demain 18 son mouvement vers le nord-ouest et gagnera la ligne du Cher. Le mouvement sera couvert par deux arrière-gardes, l'une vers Faverolles, l'autre au nord de Nouans. Tous les autres éléments, précédés par leurs convois et couverts par des arrière-gardes, se rendront directement à leurs cantonnements de dislocation.

Exécution du mouvement.

I. Arrière-gardes. — *a*) La division coloniale prendra position, à six heures et demie matin, au sud de Faverolles. La 5e brigade de cavalerie opérera en liaison avec elle. Ces deux éléments se replieront à dix heures et se dirigeront sur leurs cantonnements.

b) Le 5e corps constituera, sous le commandement d'un général, une arrière-garde composée des 31e et 89e régiments d'infanterie, de l'artillerie de la 10e division, de l'artillerie de corps et de la 4e brigade de cavalerie (cantonnée le 17 à Villeloin). Cette arrière-garde sera, à sept heures et demie du matin, en position vers la croisée des chemins Nouans-Orbigny et Villeloin-forêt de Brouard (sud de la Guionnière). Elle se repliera à neuf heures et demie pour gagner ses cantonnements.

II. Mouvements des divisions et cantonnements. Eléments, itinéraires, zones des cantonnements. — Quartier général de l'armée : Montrichard.

Quartier général du 4e corps : Bléré.

7e division : Sublaines, Bléré, Saint-Martin-le-Beau, Vitray, Athée.

8e division : Le Liège, Luzillé, Bono, château de Pontinay. Le commandant du 4e corps prendra les dispositions nécessaires pour éviter des croisements de colonnes dans Bléré.

Quartier général du 5e corps : Montrichard.

9e division : chemin compris entre les routes incluses Orbigny-Mareuil et Céré-Augé, Bourré, Angé, Thésée, Pouillé, Mareuil.

10e division : Nouans-Montrichard ; Montrichard, Faverolles, Sainte-Julie-de-Chedon. (Le général commandant le 5e corps prendra ses dispositions pour que la route Orbigny soit libre pour le passage de la 10e division.)

Division coloniale : Faverolles-Saint-Aignan ; Saint-Aignan, Noyers, Sugy, la Chorier.

Brigade de cavalerie : Orbigny, Céré, Chenonceaux ; Civray, Chenonceaux, Chisseaux, Saint-Georges et Francueil.

Brigades de cavalerie : Saint-Aignan, Couddes, Contres, Saint-Romain.

Les mouvements des diverses colonnes (sauf

pour les arrière-gardes) commenceront à partir de six heures.

Gares de ravitaillement du 18 :

4e corps : Bléré, neuf heures.

5e corps : Bourré, dix heures.

Division coloniale : Saint-Aignan, onze heures.

Général MILLET.

TABLE DES MATIÈRES

Paris et Limoges. — Impr. et libr. milit. H. Charles-Lavauzelle.

Carte de la Région des Manœuvres

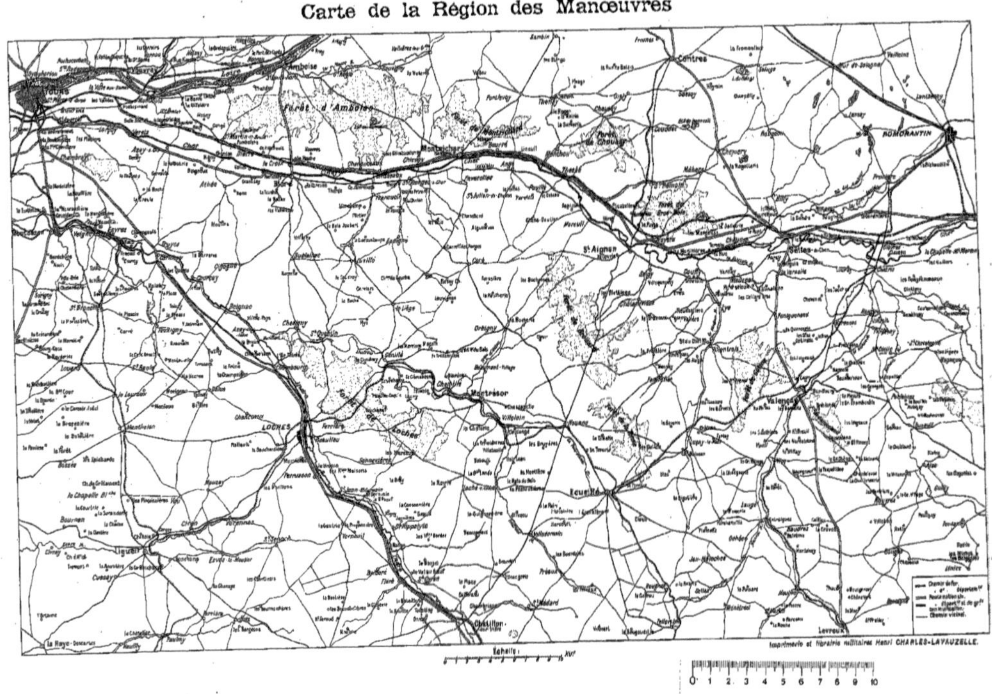

Paris et Limoges. — Imprimerie militaire Henri CHARLES-LAVAUZELLE.

Paris et Limoges. — Imprimerie militaire Henri CHARLES-LAVAUZELLE.

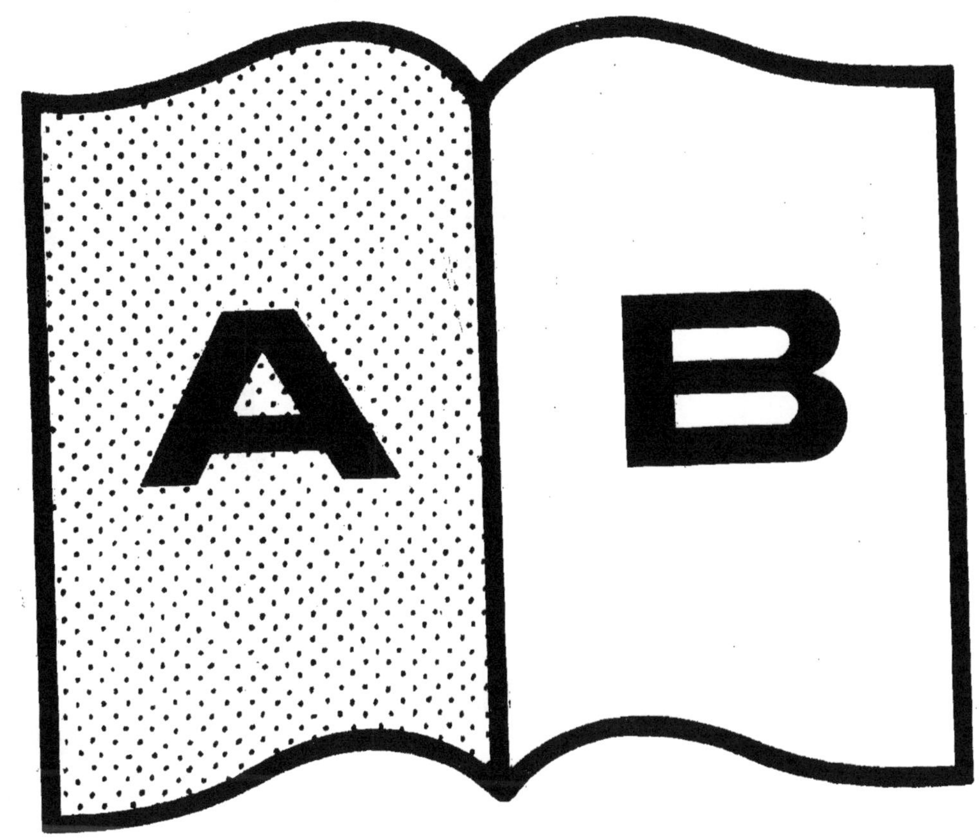

Contraste insuffisant

NF Z 43-120-14

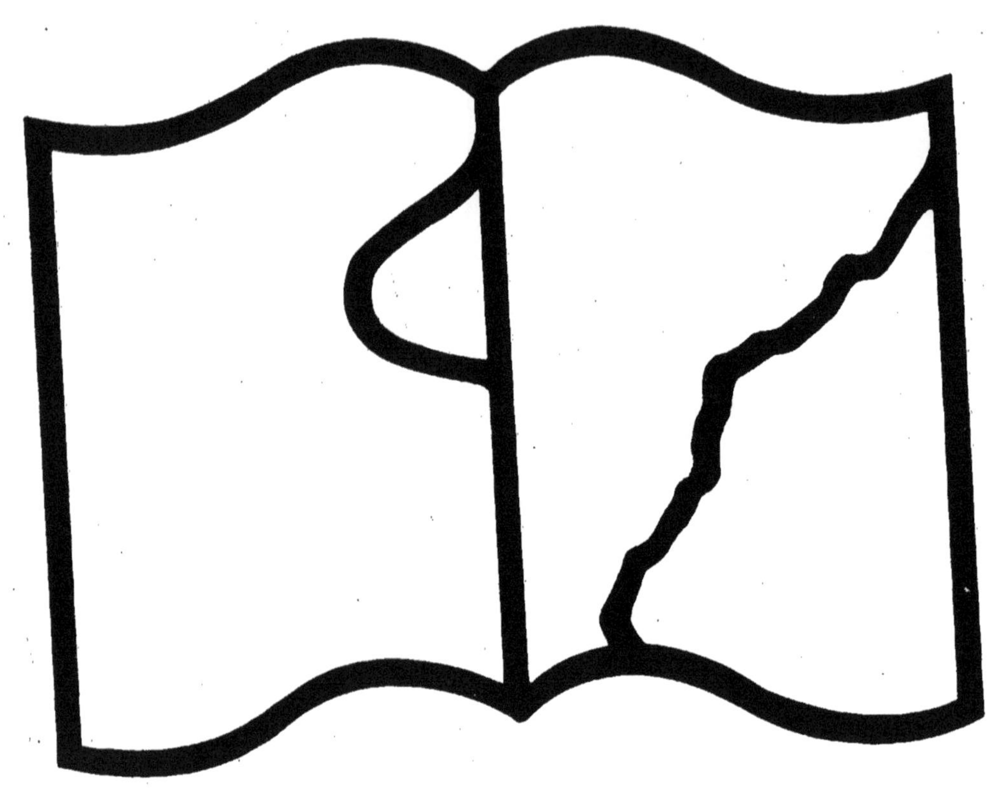

Texte détérioré — reliure défectueuse

NF Z 43-120-11

www.ingramcontent.com/pod-product-compliance
Ingram Content Group UK Ltd.
Pitfield, Milton Keynes, MK11 3LW, UK
UKHW020245250726
13967UKWH00004B/1521

9 782012 859999